再考・幕末維新史

戊辰の内乱

星亮一 著

三修社

装丁　長沼辰雄
装画　長谷川恵一
『山本八重子入城の図』
（会津武家屋敷　蔵）

目次

▼第一部　会津藩の悲劇——荒川類右衛門の『明治日誌』より

第二部　幕末維新史を問い直す

第一章　日本近代史の見直しが求められている……217

第二章　東北、越後にとっての戊辰戦争……249

第一部　会津藩の悲劇

――荒川類右衛門の『明治日誌』より

はじめに

会津藩の悲惨な歴史は、あまりにも有名である。白虎隊の悲劇を残して敗れ去った戊辰《ぼしん》の戦いは、聞く人に深い悲しみを与える。

京都守護職として、孝明天皇から厚い信頼を得た会津藩が、ある日突然、朝敵の汚名を受け、戦いに巻き込まれていく姿は、まさに非情であり、それゆえにこそ、会津戦争が人々の涙を誘うのである。

この時代、薩長は天皇を戴く正義の集団、すなわち善であり、幕府、会津は天皇に楯突く不義の集団、すなわち悪という図式があった。会津藩が婦女子までも動員して戦った背景には、こうした図式に対する死を賭けた抵抗があった。

戊辰戦争の傷跡が薄らいだ明治四十年代に入って、会津の正義を主張する山川浩《ひろし》の『京都守護職始末』が刊行された。

山川浩は、弘化二年（一八四五）の生まれ。幕府外国奉行小出大和守秀実《ひでざね》の従者として、ヨーロッパおよびロシアを旅した経験がある。戊辰戦争のとき二十四歳。旧幕府歩兵奉行大鳥圭介とともに日光口で戦い、板垣退助、谷干城《たてき》ら土佐藩兵をキリキリ舞いさせた。

敵が城下に侵入するや、会津藩軍事総督として一ヵ月に及ぶ籠城戦を指揮、戦後は陸奥国《むつのくに》斗南《となみ》三万石の大参事として、旧会津藩士とその家族一万七千余人とともに会津藩再興を目指して苦闘する。

廃藩置県で斗南藩が消滅したあとは、かつての敵将谷干城の勧めで陸軍に入り、佐賀の乱、西南戦争で功績をあげたが、朝敵会津の出身ということで、栄達の道は閉ざされ、晩年は東京高等師範学校、東京女子高等師範学校の校長として教育にたずさわった。

この山川浩は『京都守護職始末』で、帝《みかど》に誠忠を尽くした主君松平容保《かたもり》の潔白を証明しようとしたのである。

続いて昭和八年、実弟の山川健次郎《けんじろう》が『会津戊辰戦史』を編纂した。これこそ会津藩の正史といわれるもので、戦乱、敗戦に散逸した資料を丹念に集め、会津藩の正義の戦いを克明に描いた。その後に発表された会津戦争に関するあらゆる作品の原典である。

編者の山川健次郎は、安政元年（一八五四）の生まれ。戊辰戦争のとき十五歳である。規定より一歳若いため白虎隊には入れず、年少組に回され、籠城して一命を取り止める。

健次郎は戦後、長州藩士奥平謙輔《けんすけ》の好意で勉学の機会を得、明治四年、黒田清隆の推薦でアメリカに留学、エール大学で物理学を学んで帰国し、東京帝国大学総長を務めたわが国教育界の重鎮である。

山川健次郎が描く会津武士は、国難に殉じ、打ち寄せる薩長の官賊と死を決して戦う勇士たちである。

会津では薩長の新政府軍を官賊と呼ぶ。あるいは西軍という。そうした呼び方のなかにも、薩長に対する憎しみと、会津人の無念の思いが秘められている。この二つの本は、薩長が正義で会津が不義とする明治新政府の歴史観への痛烈な批判であった。

明治二年、会津藩士は陸奥の国旧南部藩の領地、斗南に移住した。下北半島の苛酷な大地は、会津人を奈落の底に突き落とす。その生活は『ある明治人の記録—会津人柴五郎の遺書』により、一端を知ることができるが、空白の部分が多く、全貌の解明はこれからといってよい。

本書の主人公、荒川類右衛門勝茂《あらかわるいえもんかつしげ》は会津藩の中級武士。藩主容保に従って京都詰めとなるが、類右衛門の真価は、その詳細な日記にある。京都時代から見聞したことを書き留め、会津城下の戦いについても、詳細な記述があるが、貴重なのは、明治時代の記録である。苦難の暮らしのなかで、母を思い、妻子の幸せを念ずる愛情あふれる記述が連綿と続いている。やがて愛する妻子がつぎつぎに病死、茫然自失の日々が続く。

この日記が世に出ることによって、敗者の明治維新とはなにかがより鮮明になるであろう。

第一章

京都守護職

▶京都守護職時代の松平容保

家訓十五ヶ条

二代将軍秀忠《ひでただ》のたった一度の浮気が、会津藩をつくった、という説がある。三田村鳶魚《えんぎょ》の『公《く》方《ぼう》様の話』に出てくる。

近世の会津藩は、徳川将軍家にきわめて近い関係にあるという証左だが、会津藩祖保科正之《ほしなまさゆき》は、二代将軍秀忠の妾腹の子である。

秀忠の父、家康は精力絶倫といわれた。二妻十五妾の女に囲まれ、華やかな生活だったが、秀忠の妾は江戸板橋在の大工の娘お静一人であった。

三代将軍家光の異母弟であり、家康の孫に当たる正之は七歳のとき信州高遠《たかとお》の保科家の養子になり、寛永二十年（一六四三）会津二十八万石の大名となった。幕府親藩会津の誕生である。

正之は四代将軍家綱の後見役として幕政にゆるぎない地位を築く一方、領民の生活の安定、強力な武士団の形成に努め、寛文八年（一六六八）には会津藩の憲法「家訓《かきん》十五ヶ条」を制定した。会津藩主が守るべき基本理念をかかげたものである。

第一条は徳川将軍家に対する忠節を明示、幕府への絶対服従を求めた。以下、藩主の守るべき事柄を列挙し、家訓を守れぬ藩主は上表して蟄居せよ、と厳しく迫った。代々の藩主がこれを守り、家臣たちも藩校日新館の教育を通じて、会津武士道を叩き込まれた。

ペリーの来航を機に尊王攘夷運動が激化、京都が無政府状態に陥ったとき、会津藩の家訓を脳裏に浮かべた男がいた。政事総裁職、越前藩主松平慶永《よしなが》である。強力な軍団を持ち、一糸乱れぬ統制を誇る会津藩に上洛を命じ、京都守護職として、治安の回復、朝廷工作に当たらせようとした。

　京都守護職に就任した松平容保は、養子である。実家は美濃国高須《たかす》で、実父松平義建《よしたつ》は高須藩三万石の城主であった。容保はその六番目の男子として、天保六年（一八三五）江戸の高須藩邸で生まれた。

　第八代会津藩主松平容敬《かたたか》に男子がなく、高須藩主は容敬の異母弟ということで、その子供の容保に白羽の矢が立った。容保は容敬の息女敏姫《としひめ》の婿養子として十歳のとき、会津松平家に入った。

　容保が江戸を出発したのは文久二年（一八六二）十二月九日。途中、尾張や桑名で歓迎を受け、二十四日巳《み》の刻（午前十時ごろ）藩兵一千余を率いて京都に入った。

　二条大橋には京都町奉行の永井玄蕃頭尚志《げんばのかみなおむね》が出迎え、容保は関白近衛忠熙《ただひろ》の屋敷に出向き挨拶ののち、会津藩の本陣、東山の麓の金戒光明寺《こんかいこうみょうじ》に入った。かくして藩士たちは幕府を守り、帝《みかど》に忠節を尽くすべく意気に燃え、京都に旋風を巻き起こす。

　それから六年後、会津藩が無残な終焉を迎えるなど誰一人思う者はいなかった。

荒川家

　本書の主人公荒川類《あらかわるい》右衛《え》門勝茂《もんかつしげ》は、留守部隊としてまだ会津若松にいた。

類右衛門の身分は、やや特殊であった。藩祖保科正之以来の重臣、北原家に仕えていたからである。北原家の初代光次《てるじ》は、保科正之の義父保科正光の庶子といわれ、代々采女《うねめ》を襲名、大老を務めたこともあり、幕末時は九代光義《てるよし》が御三家筆頭の地位にあった。

この御三家というのは北原采女二千八百石、内藤介右衛門二千二百石、田中土佐千八百石で、さらに簗瀬《やなせ》三左衛門二千石、西郷頼母《さいごうたのも》千七百石、三宅孫兵衛千四百石、高橋外記《げき》千三百石、小原美濃千二百石、井深《いぶか》茂右衛門千石を六家といった。

いずれも保科正之以来の家臣たちである。時代が下るにつれて、諏訪大四郎千七百石、萱野権兵衛千五百石、梶原《かじわら》平馬、山川兵衛《ひょうえ》、横山主税《ちから》、神保《じんぼ》内蔵助《くらのすけ》各千石、山崎小助八百石らが加わり、文久二年時の家老は簗瀬三左衛門、萱野権兵衛、高橋外記、西郷頼母、横山主税、諏訪大四郎、田中土佐の七人が務めた。

類右衛門の石高は百三十石。北原家に仕える二十人余中の家臣の筆頭で、会津家臣団の格を示す羽織の紐は、七階級中の第五位、茶紐をつけていた。紐の色分けは、家老、若年寄など重臣は紫。以下黒、紺、花色、茶、萌黄《もえぎ》、浅萌黄《あさもえぎ》の順になる。

北原家の当主光義は病弱で、藩の重職に就かず、そのため類右衛門の仕事といえば、支配人の目黒義蔵や古川保右衛門から日々の報告を聞き、それを記述する程度のものだった。

文久二年時の類右衛門の年齢は、天保三年（一八三二）八月十四日生まれなので数え三十一歳。家族は父梅二、母カヨ（五十三歳）、妻ミヨ（二十五歳）、長男秀太郎（二歳）、長女サタ（七歳）、次女キチ（三歳）の七人で、一年後に次男乙次郎が生まれ、八人家族となる。父梅二は歌人。年齢は分からない。両親がいて、妻がいて、三人の子供に囲まれた家庭の幸せなようすが目に浮かぶ。

類右衛門の日記は、折々に書き留めておいたものを、明治三十年代にまとめたもので、元、亨、貞、利の四巻に分かれ、藩政の仕組み、戊辰戦争の顛末、身の回りの出来事を克明に記述している。

各巻とも自筆、半紙判、墨書。和紙に楷書風の書体できちんと書かれており、それぞれ百二十五枚（二百五十ページ）前後の厚さである。このうち貞と利は、会津藩の職制や幕末の政治情勢、戊辰戦争前後の会津藩の公式文書、嘆願書、斗南藩関係資料をまとめたもので、なかでも斗南藩関係文書は貴重である。

元と亨は、戊辰戦争前後の類右衛門の行動と、家族の模様を日記体に記している。特に元は、容保が京都守護職として上洛したところから書き起こし、会津城下の戦闘を、体験にもとづいて生々しく記述している。

亨は落城後の日記で、越後の高田に謹慎していたときのようす、下北半島への移住、下北での暮らし、一家の崩壊の模様を記述し、後半は涙をそそるものがある。

四巻の日記は付録一冊、白虎隊列伝一冊をそえて、厚い帙《ちつ》で包まれ、ひもをといてなかを開くと、一番上に主君松平容保の写真があり、帙の内部には、

此書禁他見《たけんをきんず》、子孫参考ノ為メ　伝之者也《これをつたえるものなり》

干時《ときに》明治三十有余年晩夏二十二日書之《これをかく》

七十翁

荒川勝茂

と書かれている。

日記の正式題字は『明治日誌』で、原本は会津若松市に在住する類右衛門の末裔の家に所持されている。

会津図書館には、日誌のマイクロフィルムがあり、閲覧の便宜を図っているが、原本は、写真版では感じることのできない衝撃を見る人に与える。

さて、日記にそって、京都守護職以降の歴史を追っていこう。

上洛

類右衛門が京都に上ったのは、元治元年（一八六四）二月、先発隊が京に入って二年後のことである。京都在勤は半数ずつ一年で交代する。主人北原采女が家老職に就任し、併せて上洛の命が下ったため類右衛門も従ったのである。

日記には「御登京道中は一万石格なり」とあって、槍持ち、鉄砲持ち、駕籠の者、医師など総勢六十人ほどの大行列である。

出発に際して、父の梅二が餞別に句を詠んだ。

涼しきに猶《なお》気をつけよ船のなか
風薫る登り下りや都《みやこ》かな

「四月八日、宰相《さいしょう》公御病気御全快御出勤、本日御参内に相成る」——上京した類右衛門は、主君の病気全快を日記の冒頭に書いた。

主君容保は、類右衛門より三歳下の天保六年（一八三五）十二月二十九日生まれの二十七歳。国政の一翼を担う若きエリートだが、元来が虚弱体質で、子供のころから熱を出しては、よく臥せることがあった。家老横山主税や山川兵衛が弓や槍術で身体を鍛え、成長するに及んで見違えるようにたくましさが出てきたが、京に来て心労が重なったためか病《やまい》に倒れた。

容保の脳裏に一つの陰があった。国家老西郷頼母との確執である。

京都守護職の内命が伝えられたとき、国家老の西郷頼母は江戸藩邸に駆けつけ、「このところの形勢を見るに、幕府は非である。いまこの至難の任に当たるのは、まるで薪を背負って火を救わんとするもので、労多くして益はない」と、色をなして諫止した。

二人の間には、微妙なこだわりがある。西郷家はもともと保科姓で、信州高遠の出である。西郷頼母には藩祖保科正之に近いという誇りがあり、容保には小藩からの婿養子というひけ目がある。そんなこともあってか、二人はことごとく対立、ついには頼母に蟄居を命じるところまできていた。

守護職就任は筆頭国家老の反対を押し切っての上洛である。容保の胸中には、失敗は許されないという、切羽詰《せっぱつ》まった気持ちがある。

京に来てみると、その荒廃は容保の想像を超えていた。尊攘派浪士たちの策略や陰謀が渦巻いており、暴行、殺人などテロは日常茶飯事の有様。特に長州藩の横暴ぶりは、目にあまるものがあった。

当初、浪士との対話を望んでいた容保も、ついには強硬姿勢に転じ、文久三年八月には、薩摩と同盟を結んで、長州の京追放を断行。この行動は洛中、洛外に会津藩の名を高める。孝明《こうめい》天皇から信任の宸翰《しんかん》を賜ったのもこのときである。

堂上以下、暴論を疎《つら》ね不正の処置増長につき、痛心に堪え難く、内命を下せしところ、すみやかに領掌し、憂患掃攘《ゆうかんそうじょう》、朕の存念貫徹の段、まったくその方の忠誠にして、深く感悦のあまり、右一箱これを遣《つか》わすもの也。

と、したためてあり、箱には次の歌が入っていた。

たやすからざる世に武士《もののふ》の忠誠のこころをよろこびてよめる

和《やわ》らぐも武《たけ》き心も相生《あいおい》の
まつの落葉のあらず栄へん
武士とこころあはしていはほをも
つらぬきてまし世々のおもひで

容保はこの宸翰を竹筒に入れ、終生肌身離さず持ち歩くのだが、好事魔多し、この直後に体調を崩してしまう。

容保の病

会津藩は京都の本陣、江戸藩邸、会津本庁との間で日々、文書を交換している。その一つ『磐《ばん》錯録《さくろく》』（『会津藩庁記録』）に元治元年三月から四月にかけての病の記録がある。


正月十七日。将軍、大納戸役野田下総守をして病を問わしめ、菓子を賜う。

二月十一日。将軍、小納戸役溝口美作守《みまさかのかみ》をして容保の病を問わしめ、仙徳火鉢一対、籠鴨三羽を賜う。

三月一日。将軍、侍医をして容保の病を問わしむ。

三月五日。関白より天医高科丹後守をして容保の病を問わしむ。

三月十日。小納戸塩谷権五郎侍医某をして病を問わしめ、塗重一組賜う。

このように見舞いが相ついでいる。容保の病は、医師たちの必死の治療にもかかわらず、少しも良くならず、このころ、兼任していた軍事総裁職を辞任している。

病状は風邪が長びき、頭、肩、背中に痛みがあり、ときとして右脇腹、心臓の下部、胸に苦しみを訴えるもので、胸部疾患、軽い結核か胆石症が考えられた。

記録を見ると、風邪や去痰に効く「葛根加半夏湯《かっこんかはんげとう》」、解熱・鎮痛剤の「小柴胡湯《しょうさいことう》」、胃炎・胃潰瘍・喀血・吐血などの薬「三黄《さんのう》」、胆炎・胆石・胆嚢炎《たんのうえん》の薬「大柴胡湯《だいさいことう》」、頭痛・嘔吐を抑える「呉茱萸湯《ごしゅうゆとう》」、痛みを抑える「芍薬甘草湯《しゃくやくかんぞうとう》」など、実に多くの薬を使い、医師たちは懸命の治療に当たっている。

それだけに会津藩関係者の願いは一つ、容保の全快だった。類右衛門の日記には、四月八日全快とあるが、いったん参内したあと、再び倒れ、六月ごろまで闘病生活が続く。

五月に入ると、薩摩藩重臣小松帯刀《たてわき》との会食の記事のなかに「五月中、采女君ならびに田中大夫、公の命を蒙り、薩州家老小松帯刀を京都丸山へ招待」というのがある。

このころ、会津と薩摩は蜜月時代である。その後の歴史を考えると、不思議な現象だが、公武合体で藩論が一致、北と西の雄藩は同盟を結んだ。厳密にいうと、藩論が一致というよりは、薩摩の作戦勝ちといったほうがよいだろう。長州の尊攘過激派を追い落とすことによって、薩摩は京における政治的主導権を得たのである。

同盟結成のいきさつがおもしろい。

会津藩公用方重臣の秋月悌次郎《ていじろう》と薩摩藩の儒者重野安繹《やすつぐ》の友情が背景にあった。二人は江戸昌平校《しょうへいこう》の同期生で、薩摩藩首脳は重野から秋月悌次郎を聞き出し、接触を図った。

接触の使者は重野の弟子で、高崎佐太郎といった。父が「おゆら騒動」で処罰され、連座して奄美《あまみ》大島に流されたことがある。明治以降、宮内省に入り、明治天皇の侍従長、御歌所主管を務めた人物である。

陰謀とか策略には縁のない高崎は、またとない使者であった。根がまじめな会津藩は高崎の人柄に惹かれ、話はトントン拍子に進む。

長州の過激派が「薩賊会奸《さつぞくかいかん》」と下駄の裏に書き、毎日、踏みつけて歩いたというほど、衝撃的な出来事となった。

幕府にとっても正直なところ、会津の動きを歓迎はしていない。薩摩と手を握るなど、とんでもないという肚がある。しかしながら、京の政情不安の打開に直接乗り出す勇気はない。そこで会津藩はやむを得ず、薩摩の力を借りたことになる。いずれにしても、両藩の間で定期的に会合が開かれ政治を論じ合うことになる。

会食の客、小松帯刀は明治三年（一八七〇）病死したため、西郷隆盛や大久保利通の陰にかくれがちだが、幕末時の薩摩藩最高指導者である。京都藩邸に駐在して、外交方の責任者を務め、この年七月の禁門《きんもん》の変でも、会津とともに宮門を守り長州兵を撃退する。

しかし、会薩同盟も長くは続かなかった。坂本竜馬のあっせんで薩長連合がなり、討幕に転じる。その坂本竜馬を引き立てたのも小松だった。

薩摩との会合は、下役から供廻りの者まで加えた大宴会。お互いにこの後に起こる歴史の大展開など、知る由もない。丸山での宴会ともなれば、芸者や遊女も大勢出て、華やいだものだった。類右衛門も末席に座り、したたか美酒に酔った。

会津藩というと、質実剛健の気風で知られる。腰にむすびをくくりつけて歩く侍は会津だ、といわれたほど質素だったが、必要と思われる金は使った。

西洋軍法

もう一つ五月に、「このころより御家にて西洋法に軍法成し替えられ、洋銃、洋服を用い、御馬場に於て歩兵稽古盛んに始る」とある。

会津藩の軍制は、長沼流の兵法によって編制された。孫子の兵法を取り入れた、長沼澹斎《たんさい》を祖とする実践的な兵法である。その兵法書『兵要録』は、全二十二巻に及ぶ膨大なもので、兵談・将略・練兵・出師・陣営・戦格の六項目から成り、寛文から元禄にかけて、競って各藩が取り入れた。

蟄居中の西郷頼母も、長沼流兵法を修めた一人である。会津藩の全兵士は幕末時で約六千五百。長沼流によって先鋒・左右翼・中軍（本陣）・後軍の五軍に分かれ、千石以上の家老が陣将を務めた。

全軍あげての操練は、大操練または追鳥狩と呼ばれ、藩主在国のときに、会津若松郊外の大野ヶ原で行われた。追鳥狩のときは、前日、四陣が城の追手門・搦手門に分かれて整列し、先鋒から順に出陣した。

先鋒が大野ヶ原に到着すると、狼煙《のろし》をあげて城中に連絡。この夜は全軍野営である。夜が明けると、中軍の法螺貝《ほらがい》を合図に、全軍鬨の声をあげて操練を始める。

藩主が先鋒の陣将に命令を下す。命令は陣将から組頭、組頭から銃長へと下り、銃長は銃士を率いて銃を撃ちながら突撃する。続いて左右の軍が進軍、騎兵が槍を携えて突進する。このとき数十羽の鳥が放たれ、兵士たちは競って鳥を捕らえ、主君に献上するのである。

しかし、当時、長沼流はもはや過去の戦法になっていた。これに対して長州藩は馬関《ばかん》戦争を通じて、西洋流の近代兵法に目覚め、薩摩藩も集成館で大砲、弾丸、砲具、火薬を製造し、洋式軍艦「昇平丸」を竣工させた。

こうした情勢を踏まえ、会津藩も軍制の改革を進めた。後年、新島襄《じょう》とともに同志社英学校を創立した会津の人材である山本覚馬《かくま》がこれを担当した。

山本は江戸で江川太郎左衛門、佐久間象山に洋式兵術を学び、オランダ語も習得。帰国して会津藩校日新館蘭学教授、大砲頭取の任にあったが、上洛を命じられ、類右衛門と前後して京に上っていた。会津藩の軍制は、一般的に古いと見られがちだが、山本覚馬はただちに大砲隊を編制、禁門の変で長州兵に砲弾を浴びせ、撃退する。

幕府が正式に近代式軍隊の編制に取り掛かったのは慶応二年（一八六六）である。

勝海舟の『陸軍歴史』によると、歩兵八千三百人、騎兵七百六十八騎約千人、砲兵約二千八百人、計一万二千余人を江戸で編制する。会津藩はそれよりも先に、洋式軍制の導入を図ったわけである。

明けて慶応元年（一八六五）閏《うるう》五月、主人北原采女が病気となり、類右衛門は主人に同道して帰国、翌慶応二年上京するまで、故郷会津若松で過ごす。

この間、京都の政治情勢は大きく変わるが、類右衛門の日記には一行の記事もない。会津若松での暮らしは、日々安穏として、特筆することもなかったのだろう。

父の死

再び上京して間もなく父梅二がこの世を去った。

七月二十九日、唐木伯父より書状達す。ただちに抜き見るに、わが父当月二十一日朝五ッ時以前、卒中《そっちゅう》の症《しょう》にして俄かに死去これ有り。葬式も御定の通り寝棺《ねかん》にして、万事相整い野送り大勢出でたりとの文面なり。之を繰返し繰返し見て伏し転《まろ》び、悲嘆の涙、袖を絞り、哀惜《あいせき》す。

京と会津若松の距離は、あまりにも遠い。父の死に会えなかった類右衛門の悲痛の叫びが伝わってくる。

これと逆の場合も多かった。京在勤中に戦死、あるいは病死した人々である。

『会津藩戦死殉難者人名録』(会津図書館蔵)に、京都での戦死者の名前が出ている。
文久三年(一八六三)の大和《やまと》一揆の際に松坂三内、平向熊吉の二人。元治元年(一八六四)の池田屋で柴司、続いて起こった禁門の変では、篠田岩五郎ら二十五人が戦死している。負傷者も二十一人を数え、国元に悲報が伝えられた。

これは会津藩悲劇の序曲であった。やがて鳥羽伏見、戊辰戦争と血みどろの戦いに入っていくことを、気づく人はまだいない。

当時の政治情勢は、長州征討の敗報がしきりにもたらされた時期である。こうしたなか、将軍家茂《いえもち》が大坂城で二十一歳の生涯を閉じ、後継者として一橋慶喜《よしのぶ》が浮上する。将軍死去を理由に、長州との間で休戦を結んだ幕府は、軍制の改革、財政の確保など、おそまきながら幕政の改革に着手する。

これに伴い、在京会津藩首脳も多忙をきわめた。類右衛門の主人北原采女は、主君容保の名代として大坂城に登城、将軍の死を悼み、慶喜が将軍職に就くや、慶喜公の御機嫌を伺い、白綾の絹二反を拝領している。

このとき類右衛門は主人に同道し、飛び歩くが、忙中閑あり、暇を見つけては千家の茶室や賀茂の歌人を訪ねるなど、まだ余裕の日々があった。殺伐とした事件が多くなるなかで、なにかほっとする記事である。

「同九月、余、茶道師有名なる千家の土橋宗三へ行きたり。実に露地《ろじ》の様子、数奇屋の構え、目を驚かしたり」「同月万吉を供に召し連れ、加茂の蓮月《れんげつ》を訪ね、短冊に歌を乞い、また手造りの茶の湯茶碗を請《こ》い求め、加茂の社を拝し帰宅す」――類右衛門は父の影響で、茶道や歌道に造詣が深かった。

会津の茶道は、秀吉の家臣蒲生氏郷《がもううじさと》にはじまる。戦国大名蒲生氏郷は天正十八年（一五九〇）、会津九十一万石の領主として入部、城下の整備を行い、楽市楽座の政策をとり、商業を発展させるが、文化の面でも多くの足跡を残した。

もともと氏郷は利休七哲の筆頭といわれる茶人で、秀吉が催した京都北野の茶会では、二番目の客として招かれたほどであった。千利休が秀吉の怒りにふれ自刃すると、氏郷はその子少庵を会津に引きとり、千家再興を期した。少庵は会津城内に茶室麟閣を建て、盛んに茶会を開き、会津に千家の茶道をもたらす。類右衛門が折を見て京の茶室を訪ね歩いた背景には、こうした歴史がある。

蓮月式部は幕末の歌人である。短い行間に、蓮月に会うことのできた類右衛門の喜びがあふれている。

会津の文学は保科正之の時代から盛んになり、特に漢詩、和歌、俳句がすぐれている。類右衛門の父梅二は幕末時の若松俳壇を代表する人物で、『会津三十六俳仙』のなかに人物画も出ている。太刀を右におき、小刀を腰に差し、上下《かみしも》の折目正しい武士の姿である。

類右衛門自身も歌を詠む。心の奥にはいつも父がおり、歌を通して亡き父を思い出していたに違いない。

「同月、金閣寺へ行き遊覧す。その構造を見るに、茶の湯をなしたまう所と見ゆ」「東山へ行き銀閣寺を見る。これは足利将軍義満公の金閣寺に擬し造りたまう所、三階の楼あり。皆漆を塗り、上に義政公の木像あり。庭の辺りに四畳半の茶室あり」「その他名所旧跡遊覧せしかども、余はこれに略す」—と各地の名所旧跡をこまめに見て歩き、類右衛門は大いに満足感にひたっている。

この年の十月、北原采女は病が再発したため帰国の上、家老職を辞任する。類右衛門も会津にもどり、京の都のようすを家族に話しながら、しばらくは平穏の日を過ごすことになる。

孝明天皇の崩御

「同十二月、天皇崩御《ほうぎょ》」—主君松平容保が敬愛してやまない孝明天皇の死を、類右衛門は、わずかに一行しか書き記していない。会津若松には詳しい情報が伝わらず、天皇急死をめぐる謎について、考察する材料がなかったということだろう。在京の会津藩首脳にとって、孝明天皇の死ほど衝撃的なものはなかった。

暮れも押し迫った十二月十一日、宮中で臨時の神楽が行われた。孝明天皇は風邪気味をおして、神楽を御覧になってお休みになられたが、その夜から体調を崩された。

十七日になって疱瘡《そうとう》と分かり、松平容保は馬を駆って参内。殿上に伺候し、御所内外の警備を固めた。幸い経過もよく、食欲も出た矢先の二十五日夜半、天皇の容態が悪化した。

このころ「玉《ぎょく》」という発想があった。天皇はほかの意志で自由にできる玉であり、玉を手にしたほうが勝利する、という発想である。

この論理からすると、幕府・会津を支持する孝明天皇が存命であるかぎり、薩長の天下は有り得ない。逆に孝明天皇がこの世から姿を消し、薩長に都合のいい帝が誕生すれば、薩長の上に錦の御旗が立つことになる。

薩長にとって幸いだったことは、皇太子は幼少であり、祖父中山忠能《ただやす》は薩長寄りの人物である。玉を手にすれば、どのような偽勅《ぎちょく》、たとえば倒幕の密書でもすぐ出すことができる。岩倉具視、大久保利通ら希代の策士が、この恐るべき筋書きを着々練っていたのである。孝明天皇が疱瘡にかかった混乱に乗じ、毒が盛られたという説がある。

会津藩はまだこのことを知らない。容保は御所に詰め、ひたすらご快復を祈ったが、孝明天皇は吐血をくり返し、顔面に紫の斑点が表れ、悶死する。会津藩首脳はここで京都守護職辞意を決意、幕府に帰国を申し出る。

しかし辞意は認められず、京都にとどまることになるが、孝明天皇死後の京都は、一気に倒幕にはずみがかかり、大政奉還、王政復古への道を突っ走る。

「慶応三年十月十四日、将軍慶喜公上表して、政権を奉還せんと請う」──類右衛門がどのような気持ちでこれを記したのか、知ることはできないが、孝明天皇の死を契機に倒幕の気運が盛りあがる。岩倉具視、大久保利通が倒幕の偽勅をつくりあげ、薩長兵が京都に集合する。

類右衛門はこのころのエピソードを一つ付記している。在京の会津藩公用局つけ人大竹義助の話である。

京都時代、北原采女の屋敷に一人の商人が出入りしていた。中村庄平という小道具屋で、類右衛門も何度か会っていた。目つきが鋭く、商人とは見えない風采であった。実はこの男こそが薩摩の間者で、会津藩の大銃・小銃・兵糧などを残らず調べあげ、薩摩に通報していたのである。

このことを知った会津藩庁は、召捕りのため中村庄平宅を急襲すると、中村は二階の抜け穴から屋根づたいに逃走、姿をくらましてしまったという。

「人々残念に思いしとぞ」と類右衛門は記している。

類右衛門にとって京の暮らしは、会津では体験しえない貴重なものであった。重臣北原采女の家臣ということで、第一線の戦闘に出るわけでもなく、公卿や諸藩との困難な政治折衝に関るわけでもない。見聞を広めることに終始することができた。ここまではまことに幸運であった。

第二章
戊辰戦争

▶鳥羽伏見の戦い

激しい憤り

類右衛門が会津若松に帰っている間に、京の政治情勢は、急展開をとげる。いたるところで、虚々実々の駆け引きが行われていた。

玉《ぎょく》を手に入れたといっても、薩長はそう簡単に、おのれの天下を取ることはできない。尾張藩主徳川慶勝《よしかつ》、越前の前藩主松平慶永《よしなが》、土佐の前藩主山内容堂《ようどう》ら実力者は、徳川慶喜擁護に回り、新しい政権の中枢に、慶喜を据える工作を進めた。

徳川二百六十年の力は、そう脆《もろ》いものではない。

危機感を抱いた薩長はここで、大きな賭けに出た。内乱を起こし、一気に武力討伐に踏み切る作戦である。江戸の薩摩藩邸では浪士を募り、乱暴狼籍を働かせて挑発した。これを聞くや、大坂にいた慶喜も激昂《げっこう》。「討薩表」をかかげて、京に進軍を開始する。慶喜は見事に薩長の作戦にはまったのだ。

かくて慶応四年（一八六八）正月三日、鳥羽伏見の両街道で両軍が激突、六日間に及ぶ戦闘となる。結果は、近代兵器の装備に勝り、しかも戦争巧者の薩長軍に幕府、会津軍は翻弄された。慶喜ははじめ抗戦を叫んでいたにもかかわらず、いつの間にか変心して恭順してしまったことから、幕府は文字通り崩壊する。

在京の会津藩首脳は、王政復古のクーデターが起こったとき、公用局の内田武八を、急遽、会津若松に派遣し、京の情勢を伝えるとともに、世子喜徳《よしのり》の名で領民に一致団結を呼びかけた。

わが公多年の精忠、空《むな》しく水泡となりて、残念というも愚かなる事ならずや。実に肝《きも》を嘗《な》め、薪に臥《ふす》の時にして、君辱《はずかし》めらるる時は、臣死するの期《ご》に至れり。禁庭《きんてい》に対し奉り、弓を引く事は、決して為すべからずといえども、奸邪の徒、もし綸旨《りんじ》を矯《た》め、兵を加うるあらば、関東の力を勠《あわ》せ、義兵を挙《あげ》て、君側《くんそく》の奸悪を除かざるを得ず。

会津藩はすでにこの段階で、敢然と戦う意志を固め、「たとえ身死すとも癘鬼《れいき》となりて、祟りを為し、奸賊を絶滅するの心なき者は、天地の神祇《じんぎ》、その方を殛《ころ》せよ」と檄を飛ばしたのである。それだけに、鳥羽伏見の戦いでは、全員決死の覚悟で戦った。しかし、戦いに敗れ、しかも主君容保は、慶喜とともに江戸に帰ってしまった。これは会津藩士にとって信じがたい不祥事であった。会津軍が江戸に引きあげるや、このことに批判が集中、当時、軍事奉行添役として容保のそばにいた家老神保内蔵助の長子修理《しゅり》が、この責任を負って自刃する悲劇を生むことになる。

このころ、薩長政権は鳥羽伏見の戦争で敵対行為をとった旧幕府・諸藩に対し、大要次の処分方針を示した。

第一等　徳川慶喜開城、城・領地没収。
第二等　松平容保（会津）、松平定敬《さだあき》（桑名）開城、城・領地没収。

第三等　松平定昭《さだあき》（伊予松山）、酒井忠惇《ただあつ》（姫路）、板倉勝静《かつきよ》（備中松山）開城、城・領地没収。
第四等　本荘宗武《むねたけ》（宮津）先鋒願いをすれば恩典。
第五等　戸田氏共《うじたか》（大垣）、松平頼聡《よりとし》（高松）先鋒願いをすれば恩典。

徳川慶喜が恭順したいま、第二等の容保と定敬に薩長政権の敵意が集中した。定敬は容保の実弟で、京都所司代として、容保を助けたことが罪に問われた。

それにしても、この薩長政権の要求は会津・桑名とも、とても呑める代物ではない。両藩は全藩あげて抗戦体制を固めた。会津藩では、佐川官兵衛を中隊司令官に選び、十八歳から三十五歳までの藩兵に、フランス式歩兵訓練を行い、山川大蔵《おおくら》を長とする砲兵隊も編制した。

佐川官兵衛は、天保二年（一八三一）生まれの三十七歳。家禄三百石の中級武士で、青年のころ、江戸本郷の火事場で、幕府の火消隊と刃傷に及び、旗本二人を斬り伏せ、謹慎させられたこともある激情の人である。会津きっての武勇の士で、京都では主君容保を守る別選隊を編制、鳥羽伏見では槍隊を率いて最後まで戦い、「鬼官兵衛」と恐れられた。

山川大蔵は二十四歳。慶応二年（一八六六）には樺太《からふと》国境談判のため洋行した外国奉行である小出大和守秀実の従者として、ロシアを訪問した国際派である。生家は代々家老職にあり、家禄は千石であった。

二人は必死の訓練を続け、兵を率いて帰国の途に就く。

慶喜公、戦いに利なきを慮《おも》んぱかり、上野へ御入寺と相成り、恭順を尽くされ、謝罪を謀られたり。宰相公《さいしょう》（容保）やむを得ず二月中会津へ御入国となり、御人数も追々、会津へ御下し相成り、江戸御屋敷惣引き払いとなる。

類右衛門は、容保帰国のようすを、こう記した。道中、人馬が不足し、全員が会津に帰ったのは三月の下旬であった。

六年前、会津の人々は京都守護職の大任をおび、胸を躍らせて上洛した。あのとき、会津は喜びにあふれ、沿道は見送りの人々の笑顔で埋まった。いま、帰国する兵士たちは一様に無言で、出迎える人々の表情も暗い。鳥羽伏見戦の戦死者は、百二十人にも及んでいたからである。負傷者も百五十余人に達し、ぞくぞくと担架で送られてくる。

お互いの無事を喜びあう家族、悲しみにくれ肩を寄せあう家族。そこには京都守護職として忠誠に励みながら、なんら報われることのなかった会津人の深い憤《いか》りがあった。

武備恭順

会津征討として仙台へ仰せつけられ、仙台へ九条殿、沢殿御下りありたり。宰相公謝罪の道を頻《しき》りに竭《つく》したまう。米沢藩もともに力を勠せ、会津謝罪の事に周旋を尽くせしとぞ。これによって、御家老梶原平馬《へいま》殿を御使いとして、三条吉家の刀を米沢へ進ぜられたり。

類右衛門は、短い日記のなかに実に多くのことを書き記している。

一つは薩長政権が、仙台藩に会津攻撃の命令を下したことである。仙台藩にとってそれは青天の霹靂《へきれき》であった。京駐在の仙台藩重臣三好監物《けんもつ》が異議をとなえると、薩摩の黒田清隆は「伊達殿は話が分からん。帝が会津を討てと仰せられておるのだ」と一蹴した。

慶応四年（一八六八）三月十八日、仙台湾寒風沢《さぶさわ》に早くも薩長政権の軍船が入港した。奥羽鎮《ちん》撫総督《ぶそうとく》九条道孝《みちたか》、副総督沢為量《ためかず》、参謀醍醐《だいご》忠敬、下参謀大山格之助《かくのすけ》、世良修蔵《せらしゅうぞう》と薩摩・長州・筑前藩兵三百が乗船しており、大越文五郎の率いる在京の仙台藩兵百五十人も一緒である。

九条道孝は摂家の一つ、関白尚忠の長男で二十九歳。鼻筋の通った貴公子である。沢為量、醍醐忠敬、いずれも薩長政権の傀儡であり、一行を牛耳《ぎゅうじ》るのは大山と世良である。

大山は西郷隆盛の配下、世良は長州奇兵隊の出身である。

竹に雀を袋に入れて
　後においらのものとする

仙台に進駐した兵士たちは、徒党を組んで傍若無人にのし歩き、一日も早く会津に出兵するよう催促した。会津藩も虚をつかれた。

仙台は同じみちのくの隣国同士である。仙台藩と戦う理由などなにもない。会津藩重臣は手分けして仙台・米沢・二本松・庄内と各地に出向き、会津藩の無実を訴え、救済を依頼した。しかし、ただ頭を下げたわけではない。あくまで攻めようとするならば、薩長はいうに及ばず、仙台とて容赦はしない、という決意をこめての依頼である。

　このころ、会津藩は兵制を改革、国防体制を固めていた。改革の中心は洋式に改める、年齢別に編制する、農町兵を募集するの三点で、中国の故事にならって十八歳から三十五歳までを朱雀《すざく》隊、三十六歳から四十九歳までを青龍《せいりゅう》隊、五十歳以上を玄武《げんぶ》隊、十六〜十七歳を白虎《びゃっこ》隊とし、それぞれ次のように編制した。

朱雀隊	士中一番—四番隊	約四百人
	寄合一番—四番隊	約四百人
	足軽一番—四番隊	約四百人
青龍隊	士中一番—三番隊	約三百人
	寄合一番—二番隊	約二百人
	足軽一番—四番隊	約四百人
玄武隊	士中一番隊	約百人
	寄合一番隊	約百人
	足軽一番—二番隊	約二百人

白虎隊
- 士中一番―二番隊　約百人
- 寄合一番―二番隊　約百人
- 足軽一番―二番隊　約百人

計三十一中隊、約二千八百人を主力とし、これに第一、第二砲兵隊・築城兵・遊撃隊など合わせ約三千余で正規軍を組織した。さらに各郡の二十歳から四十二歳に至る身心壮健の者二千七百人で新練隊、敢死隊などの農兵隊を編制、このほか、猟師隊・修験隊・力士隊などを含め約七千の兵力である。

薩長軍の動きに合わせ、会津藩は国境に兵を出し、武備恭順の構えで臨んだのである。

大鳥圭介、古屋佐久左衛門など旧幕府陸軍が参戦したことも大きく、会津若松は日に日に活況を呈していく。

この結果、いったんは心ならずも会津国境へ出兵した仙台が、間もなく反薩長に転じ、米沢とともに会津救済に乗り出し、奥羽列藩同盟を結成する。これは、奥羽は一つとする画期的な連帯であり、世良修蔵があくまでも会津討伐を叫ぶや、世良を捕らえて斬首、新たな政権構想に向かって突き進む。会津にとって夢想だにしない、奥羽諸藩の友情であった。

旧幕兵も五月ころより会津加勢として入国、竹中丹後守、古屋佐久左衛門、大鳥圭介、土方歳三など続々会津入りした。その他水戸浪士柳組五百人余、桑名雷神隊五百人、保科藩兵二百人ほどの家中も入国、市中の賑やかさは、言語に尽くしがたい有様だった。このとき、子供がはやり歌を歌った。

都みたくばここまでござれ
　いまに会津が江戸になる

この歌も、当時のようすを鮮やかに伝えて、あまりあるものがある。
徳川幕府は滅んだが、会津に旧幕府軍が結集、奥羽は仙台を中心に日の出の勢いである。態度を保留していた越後の諸藩も、同盟に加わり、奥羽越列藩同盟にふくれあがるのもこの時期である。
奥羽越列藩同盟は、仙台領白石に会議所を置き、政権の構想を作成。日本を二分する戦いになっていく。

四月、異国フロイス人会津へ入国。西洋軍法及び国の利益なるべき事を建白す。宰相公御目見え仰せつけられ、大小ならびに御衣服等頂戴仰せつけられ、かつ異人館を設置に相成り、住居す。舶来品種々取り寄せ御国用に供す。

類右衛門は異国人の入国のことも、驚きの目で記している。千客万来、会津藩の士気はいやが上にも高まり、薩長政権を一気に窮地に陥れてやるという勢いであった。

ここに登場する異国フロイス人というのは、会津藩軍事顧問のプロシア人ヘンリー・スネルである。

ヘンリーがいつ日本に来たかは分からないが、ヘンリーにはエドワードという弟がいて、横浜の商人番付表に名前が出てくる。

四十四番　蘭《オランダ》　スネル、娘志ま、小使久蔵、別当栄助
国籍はオランダとなっている。兄のヘンリーはプロシア領事国書記官として名前が出てくる。当時、来日した外国人はそのつど国籍を変える人が多く、スネル兄弟もオランダ、プロシア、トルコ、フランス、イタリアとさまざまに名乗っている。このため明確にはいえないが、プロシア系オランダ人かオランダ系プロシア人と見られる。

さて、ヘンリーがどこで、会津藩と結びついたのか。確証はないが、鳥羽伏見の戦いのあと、慶喜は大坂城でイギリス、アメリカ、フランス、オランダ、プロシアなど各国公使と会見、引き続き政権を担当する旨を語ったが、その席にヘンリーもいて、会津藩首脳と顔を合わせた公算が強い。

スネル兄弟は兄が外交官、弟が商人という立場を大いに利用して、積極的に舶来品の売り込みを図っていたらしい。

戦争となれば、まず必要なのは、大砲、小銃などの武器である。会津藩は帰国するに当たって、横浜のスネル商館から大量の武器、弾薬を買いつけた。それを裏づける外交文書が残っている。

（丸山国雄『会津藩武器購入に関する一問題』会津史談会）

証札
和蘭砲製造
一ライフル　員七百八十挺
右付属道具胴乱とも添え
ただし一挺につき代、洋銀九枚なり
この惣洋銀、合わせて七千二十枚員なり
右者、今般当屋敷入用これあり買い取り申し候処、相違これなく候。かつ当三月二十三日より日数百八十日延べにて、代洋速やかに致すべく約定なり。もっとも日限に及べばいささかも遅滞あるまじく候。後証のため件のごとし

会津藩鈴木多門印

慶応四年辰三月二十三日
蘭四十四番
スネル殿
代新助殿

武器を購入したのは、会津藩だけではない。越後の長岡藩も大量に買いつけている。長岡藩家老河井継之助《つぎのすけ》は、エドワードに依頼して、江戸藩邸の書画や什器などの備品を数万ドルで売却、

この金でスネル商館とファーブルブランド商館から、ガトリング連射砲二門と小銃数百挺を購入、会津藩と共同で、横浜から船で運んでいる。

　スネル兄弟を仲介として会津・長岡の共同作戦がクローズアップする。この時期、会津藩の外交の責任者は、類右衛門の日記にも出てくる家老の梶原平馬である。

　梶原は色白の格別風采の立派な青年で、イギリス公使館の一等書記官アーネスト・サトウの印象によると、「シャンペン、ウィスキー、シェリー、ラム、水で割ったジンなどをまばたきもせず、後《しり》込みもせずに飲みほし、飲みっぷりにかけては他の人をはるかにしのいだ。行儀作法も申し分なかった」（『一外交官の見た明治維新』岩波文庫）という人物である。

　梶原は会津藩家老内藤家の次男に生まれ、梶原家の養子になった。なぜか生没年不詳で、兄内藤介《すけ》右《え》衛門《もん》の年齢から推理するしかないが、兄は当時二十九歳なので、おそらく二十代後半、意欲にあふれた年代であった。梶原はスネル兄弟を積極的に登用する。

　主君容保はヘンリー・スネルに平松武兵衛という日本名を贈り、城下に屋敷を与え、会津藩の戦略策定に、スネルの意見を取り入れる。やがてスネル兄弟は米沢藩、庄内藩とも交流を深め、奥羽越列藩同盟の顧問として、戦いを指揮することになる。

　新潟でヘンリーに会った米沢藩重臣甘粕継成《あまかすつぐしげ》は、「平松、年のころ三十歳前後、眉目清秀《びもくせいしゅう》、日本製の羽織襠高《まちだか》（袴）を着、会老侯（容保）より賜りし小脇差を帯《たい》し来る。実に一個の美男子なり」（「米沢藩士甘粕継成日記」『新潟県史』所収）と記し、その風貌を伝えている。

白河での大敗

奥羽越列藩同盟が、薩長政権に宣戦を布告、東北戊辰戦争の火ぶたが切って落とされたのは、慶応四年閏四月である。同盟軍は具体的に二十三項目の戦略を発表した。

その第一は、奥羽の関門白河《しらかわ》に敵兵を一歩も入れない、とする白河戦略である。第二は、庄内侵攻の敵兵を殲滅する庄内戦略である。第三は、越後の戦略である。越後から信州・甲州まで攻めのぼり、各藩力を合わせ、ゆくゆくは北部日本を中心とする、新たな政権の樹立をする、というものだった。

その第一の関門白河に、敵の兵団が攻め寄せた。防衛に当たっていたのは、会津・仙台の連合軍である。仙台藩は坂本大炊《おおい》を参謀とする瀬上主膳《しゅぜん》、佐藤宮内《くない》の二大隊、会津は西郷頼母《たのも》総督、横山主税《ちから》副総督以下、千数百人の大部隊である。

西郷頼母は容保と不仲のため長い間蟄居していたが、未曾有の危機である。これまでのわだかまりを捨て、容保は最重要ポストに頼母を起用した。

結果として、この温情はあだになるが、戦闘は五月一日から始まった。二、三回の前哨戦があって薩摩・大垣・忍《おし》藩兵約七百が攻撃を掛けてきた。薩長軍参謀は薩摩の伊地知正治《いじちまさはる》である。伊地知は攻撃隊を右翼・中央・左翼に分け、森林に狙撃兵をひそませながら攻めて来た。

仙台藩は抜刀隊《ばっとう》を組織し、積極果敢に相手陣内に突進した。これが命取りとなった。周囲の森林にひそむ狙撃兵がいっせいに銃口を開き、つぎつぎに撃ち殺されていく。やがて大砲が火を噴き、同盟軍陣地に炸裂、仙台藩の一角が崩れた。

会津藩も抜刀して斬り込んだが、副総督横山主税以下、大量の戦死者を出して敗走する、意外な惨敗となった。

白河方面味方大敗。数百人討死《うちじに》す。実に遺憾なり。若年寄横山主税大将討死。首は同家の中小姓なる老臣屋敷に持ち帰り、厚く葬られたり。

類右衛門は五月一日の日記にこのように記している。

会津の人々は白河の大敗に衝撃を受けた。数の上では絶対的な優位を誇る同盟軍が、わずか数百の薩長軍に敗れたのである。

若年寄横山主税の死も痛かった。横山主税は、幕末の名家老といわれた横山主税常徳《つねのり》の長子で、徳川慶喜の弟徳川昭武《あきたけ》に随行してパリの万国博覧会に行き、ヨーロッパで研修を積んだ会津藩のエリートである。しかし、戦闘経験がないため、抜刀して飛び出すという無謀な行為に出てしまった。

この戦い以降、同盟軍は再三再四、白河を攻めるが、奪回できず、やがて仙台藩の内部に亀裂が生じ、戦線を離脱する。同盟の崩壊である。白河の大敗は会津藩にとってあまりにも痛く、取り返しのつかない痛恨事となった。

類右衛門の日記も、負け戦で埋め尽くされる。

引き続き越後方面敗る。長岡朝日山の戦いなどは一度は大勝利。しかるに新発田松ヶ崎《しばたまつざき》より裏切りに及び、かつ上方勢、信濃川を舟にて襲い来たり。奥方、家中の婦女子、会津を指して逃げ落ちたり。婦女子、老若は八十里等嶮路《けんろ》を徒跣《とせん》し、見るも哀れなる事なりしとぞ。

越後の戦線はスネル兄弟からの武器、弾薬の補給で、戦いを有利に進めたにもかかわらず、七月二十五日、突然、新発田藩が裏切りに出た。

新発田狐

会津猪　米沢猿で
　新発田狐にだまされた

人々はこんな唄を歌って皮肉ったが、会津は文字通り猪突猛進、真っしぐらに突き進む。米沢猿―いろいろな解釈が成り立つ。猿知恵。良くいえば賢いということである。うまく立ち回るという意味もある。

米沢は今度の戦いに、上杉謙信以来の悲願を込めていた。海のある越後の国にもどりたい、とする長年の夢である。会津を先頭に、薩長に殴り込みをかけ、勝てば論功行賞として越後が手に入る。そこに賭けたのだ。狐は狡猾。いかにして相手をだますか、策略を練る。

会津も新発田の不穏な動きは、薄々感づいていた。兵も金も出す気配がないからである。

そこで新発田藩主の溝口直正《なおまさ》を拘束、米沢に軟禁しようとしたが、新発田藩は領民に竹槍を持たせ、若君の移住を阻止する行動に出た。この間に、長岡の薩長軍にわたりをつけ、敵の輸送船団を太夫浜に誘導してしまった。

かくて新潟港は落ち、長岡城の河井継之助も退却を余儀なくされる。この戦闘で河井自身、左膝下に銃弾を受け、越後は薩長の手に落ちる。

新発田の裏切りは、憎むべき第一なり。最初、溝口侯江戸下りの折、若松七日町清水屋へ旅宿せられたり。その節、内藤大夫、梶原大夫、溝口侯へ再度拝謁のうえに、きっと御味方致すべくとの御答えに相成り、よって、西郷勇左衛門殿、総督として大勢人数警護、新発田までつきそい、同国家老へ面会ありて、なおまた固く定約を結ばれしを、ほどなく二心を抱きしは、言語道断というべし。

類右衛門は、さらにこのように書き加え、新発田の裏切りを憎んだ。ここに出てくる溝口侯は、前新発田藩主溝口直溥《なおひろ》である。筆頭家老溝口伊織以下二百人を率いて帰国の途中、会津城下に立ち寄ったのである。

現藩主直正はまだ十三歳。前藩主は新発田の最高首脳であり、筆頭家老立ち会いのもとの約束だけに、類右衛門の怒りもうなずける。

しかし、当時の戦局を見ると、新発田だけを非難するのは当たらない。小藩が動乱のなかでどう生きるか、新発田は新発田なりの、ぎりぎりの判断があったのだろう。

それもこれも、戦いが劣勢になり、同盟の前途が危惧されたことが、大きく影響している。白河の大敗は同盟にとって命取りになった。

「八月に至り、越後方面総引きあげとなる」――このころ、会津若松には、桑名藩主松平定敬、長岡藩主牧野忠訓をはじめ、旧幕閣の小笠原長行《ながみち》、板倉勝静《かつきよ》らが郭内の寺院に滞在していた。そこへどっと、越後の兵がなだれ込み、類右衛門の主人、北原采女宅にも水戸藩兵が止宿する。

北原家にても、丁寧に酒食を出されたり。右大将、家老の由。北原家重役に対面いたしたき由を申し入る。よって、余出でて面会に及ぶ。懇々に礼を陳《の》べ、かつ御主人へも、厚く御謝礼申し上げられたし、との口上なり。

水戸と会津は縁戚関係にある。容保の世子喜徳は前将軍慶喜の実弟、水戸家からの養子であり、その関係で、水戸からも支援部隊が来ていた。

かくて、会津は形勢不利のなか、悪夢の籠城戦へと入っていく。

母成峠の敗戦

「八月二十二日に至り、東方面石筵《いしむしろ》相敗れ候注進これあり」――この短い言葉のなかに、緊迫した空気がひしと伝わってくる。白河から二本松を攻め奥州街道を征圧した薩長軍約二千は、虎視《こし》眈々《たんたん》と会津侵攻をねらっていた。

参謀板垣退助（土佐）と伊地知正治（薩摩）は、郡《こおり》山《やま》から猪苗代《いなわしろ》に通じる中山峠から攻め入ると見せかけて、八月二十一日早朝、本宮《もとみや》から猪苗代に通じる石

会津国境の図

（『会津若松史』より）

母成峠古戦場

口名	番号	口留番所名	備考
三代《みよ》口	1	三代番所	勢至堂峠を越え白河への街道（江戸への本街道）
赤谷《あかたに》口	2	赤谷番所	会津領の西端、新発田への街道（越後への本街道）
日光口	3	横川番所	今市にいたる街道
桧原《ひばら》口	4	桧原番所	桧原峠を越え米沢への街道
酸川野《すかわの》口	5	酸川野番所	土湯峠を越え福島への街道。母成峠を越え二本松また本宮への経路
壺下《つぼおろし》口	6	壺下番所	楊枝峠を越え、本宮、二本松への街道
中地口	7	中地番所	御霊櫃峠、三森峠、諏訪峠を越え郡山、須賀川への経路
馬入《ばにゅう》口	8	馬入新田番所	馬入峠を越え白河への経路
芦野原口	9	芦野原番所	蝉峠を越え白河への経路
白岩口	10	白岩番所	蝉峠を越え白河への経路
水門《みずかど》口	11	水門番所	蝉峠を越え白河への経路
野際《のぎわ》口	12	野際番所	大峠を越え黒磯への経路
石間《いしま》口	13	石間番所	新潟への経路
桧枝岐口	14	桧枝岐番所	上州沼田への経路
叶津《かのうづ》口	15	叶津番所	八十里越をして、越後三条への経路
田子倉口	16	田子倉番所	六十里越をして、越後小出への経路

会津国境の番所（右の地図参照）　　（『会津若松史』より）

筵の関門、母成《ぼなり》峠に攻め込んだ。ここは天然の要塞で、会津軍は大鳥圭介《けいすけ》の率いる旧幕府伝習隊四百を中心に、田中源之進隊、二本松藩兵など八百余で守備に当たっていた。

この日は霧が深く立ち込め、攻撃してくる薩長軍の姿が見えず、戦闘は攻撃側に有利に働いた。薩長軍は地元の猟師の案内で、会津軍が築いた砲台を的確に襲った。大鳥軍も必死に防戦したが、優勢な敵兵の前に、三つの砲台が奪われ、ついに国境の一角が破られた。

会津藩は奥州街道からの攻撃に備え、日光口で戦っていた大鳥圭介の伝習隊を、石筵口に転じていたが、二千の敵兵力の前に蹂躙《じゅうりん》された。会津軍の防衛戦は日光口・越後口・奥州街道と三つに分かれているため、兵を分散せざるを得ず、補充する兵力もない。こうした事情で、大鳥の援軍要請に応えることができなかったことも敗因となった。

会津軍はここで、重大な誤りを犯した。会津鶴ヶ城の軍事局に、母成峠破れるの知らせが入るのは、翌二十二日早朝で、丸一日のロスがあった。会津藩のどの記録を見ても、二十一日に連絡が入ったという事実はない。

会津戦争の正史、山川健次郎編の『会津戊辰戦史』（続日本史籍協会叢書）は大要次のように書いている。


八月二十二日、西軍（薩長軍）大挙して猪苗代城を襲う。城代高橋権太輔は、見禰《みね》山土津《はにつ》神社（藩祖保科正之霊廟）の社司である桜井豊記をして、神体を奉じて若松城に赴かしめ、火を社殿と城塞とに縦《はな》ちて退く。藩士永岡権之助猪苗代にあり。勝軍山（母成峠）の敗報を聞き、駆せて若松城に至り、これを軍事局に報じ、また陣将佐川官兵衛にも報ず。時に寅《とら》の下刻（午前五時）なり。

なんという遅い通報であろうか。母成峠が破れて、すでに十八時間が経過しているのだ。

ちなみに平石弁蔵の『会津戊辰戦争』（丸八商店刊）にも「八月二十二日、母成峠の敗兵猪苗代に集まり、西軍を迎撃せんと欲し、援《たすけ》を若松に請い、守備を修む」とあり、これを裏づけている。

このため類右衛門の日記も、「八月二十二日に至り」となるわけだが、会津藩首脳が気づいたとき、敵はすでに猪苗代に侵入したことになる。大失敗としかいいようがない。

猪苗代から会津若松までは五里（約二十キロ）の道程である。敵は目前に迫ったことになる。このころになって、周辺を守る会津軍守備隊が異変に気づく。郡山・須賀川《すかがわ》から猪苗代に入る御霊櫃口の第一砲兵隊、中山口の第二砲兵隊が猪苗代に兵を進めるが、すでに猪苗代城が落ち、敵は破竹の勢いで会津若松の玄関、戸ノ口原の入り口、十六橋《きょう》に迫っているのが見えた。手遅れであった。

このとき、大鳥圭介がどのような行動をとったのかも問題になる。

大鳥が後年、記述した「南柯《なんか》紀行」（『幕末実戦史』続日本史籍協会叢書）を読むと、石筵の戦いは会津・仙台兵に戦意が乏しく、伝習隊のみが督戦したが及ばず敗退、山中で道に迷い、裏磐梯周辺を彷徨したという。

この山中で、会津若松から逃げのびて来た庄内藩の本間友三郎や長岡藩侯の奥方と女中たちに会い、会津城下は回復不可能なことを知り、米沢に去る。つまり大鳥の伝習隊も、会津藩軍事局に伝令を出していないのだ。

八月二十一日は、太陽暦に換算すると、十月六日になる。紅葉が始まり、朝晩はぐっと冷え込む季節である。一ヵ月もすると、会津の山野に雪が降り始める。冬まで持ちこたえれば、暖国の薩長兵は動きがつかない、と読んでいた会津軍にとって、母成峠の敗戦は、痛恨のきわみといえた。

一方、通報を受けた城内は混乱をきわめた。城下に早鐘が鳴り響き、梶原平馬、西郷頼母、田中土佐、神保内蔵助、萱野権兵衛、佐川官兵衛らの将士が登城、顔を引きつらせて防衛策を練った。

猪苗代上街道戸ノ口原方面─佐川官兵衛が白虎、奇勝、回天、敢死、誠忠の諸隊二百五十人を率いて十六橋を死守。

猪苗代下街道大寺方面─萱野権兵衛が敗兵と桑名番兵二百を率いて、日橋《にっぱし》で防戦する。

背あぶり山方面─西郷頼母が水戸兵百五十を率いて防戦する。

城下に残る千余の兵が、急遽出動したが、それより早く、薩摩の河村与十郎が猪苗代湖の北岸、十六橋を占領していた。十六橋は猪苗代の水が、日橋川に注ぐ要害である。会津軍がこの橋を切り落とすと、敵兵は会津城下に侵入することができない。その橋が奪われた以上、敵の侵入は間近と見なければならない。

会津藩は絶体絶命の危機に陥った。

容保危うし

九ッ半（一時）ごろに至り、いよいよもって敵十六橋まで押し寄せ候由。よって早鐘打ち候につき、北原家婦人、わが家族もともに立退《たちのき》たり。いずれも長刀あるいは刀をおびたり。

北原家ではすでに主人の采女と長子の大和《やまと》が登城、類右衛門が留守を預かっていた。このような事態に備え、婦女子の立退き先も決めていたのであろう。

類右衛門の家族も刀を手に疎開する。

敵の侵入に驚き、自刃する家族もいたが、北原家では、あくまで生きのびることを申し合わせており、類右衛門は心おきなく、戦うことができた。

宰相公ご出馬、大和君お供につき、余もつきそう。御供には御側《おそば》その他役人、桑名兵なり。滝沢御本陣横山山三郎宅を御本営と遊ばされたり。その夜、御人数一同御酒下され、かつ袖印として黄木綿切り、御渡しに相成り、右の腕に結びつけたり。

滝沢本陣、横山家

容保らは、この夜、まんじりともせず、滝沢本陣で夜を明かす。類右衛門は幸運にも、主君容保の身近におり、その筆致はますますさえわたる。

有名な白虎二番士中隊が、出動したのもこの日である。少年たちは、主君容保に見送られて、滝沢本陣を出発、大野ヶ原に出陣した。

翌二十三日、大野ヶ原の薩長軍は、対峙する白虎隊や奇勝隊、敢死隊を一気に蹴散らし、滝沢峠に殺到する。この頂上からは、はるかに会津の城下が見渡せる。城下を眼下に見下ろした薩長軍は、会津鶴ヶ城を目がけて峠を駆け下りる。

昨夜、戸ノ口相敗れ、敵、暁を待ち、襲い来たり。御本陣へ山手より大砲、小銃を乱発す。もとより御近習は小勢、そのうえ銃砲はなく、槍のみ携えし人数にて防ぎ難く、大いに瓦解《がかい》……

類右衛門はこのように書いた。主君容保の周辺にいるのは、槍を持った近習だけで、突然の敵来襲に逃げまどい、〝瓦解〟したというのである。〝瓦解〟というのは、一部の崩れから全体が崩れることをいう。近習の誰かが恐怖のあまり逃げ、それにつれて、ちりぢりになったというのである。鉄の団結を誇る会津藩にしては、思いも及ばぬ失態が、つぎつぎに起こる。

薩長軍は、会津城下の図面を手に入れ、綿密な作戦を練っていたようで、滝沢峠で全軍を二隊に分け、一隊は飯盛山《いいもりやま》から鶴ヶ城の東南に、一隊は滝沢峠から鶴ヶ城追手門に向かった。

城下への侵入にはまだ間がある、とふんでいた会津藩軍事局は、ここで大いにあわて、警鐘を連打したことも、混乱に輪をかける。数万の市民が一時に七日町口、柳原町口、材木町口に殺到、一人がつまずくと、つぎつぎに折り重なって倒れ、そこを敵が銃撃を加えるという、地獄の光景となった。

歯車のリズムが一つ狂うと、すべてが後手後手に回り、収拾のつかない混乱、無統制になってしまう。会津の人々は烏合《うごう》の衆と化す。

そうしたなかで、容保は落ち着いて行動した。実弟の松平定敬《さだあき》に米沢に向かうよう指示、自分は数人の小姓とともに、甲賀町の郭内に退避、近くの屋敷から畳を運んで胸壁を築き、防戦に努めたが、防ぐことはできず、単騎、城に駆け込む。類右衛門も主君のあとを追った。

第三章 血の海

▶戦争の悲しみを伝える白虎隊士の墓

落城の危機

この日、会津城下は約千戸が焼失、戦死者は四百六十余人、藩士家族の殉難したもの二百三十余人を数えた。なかでも国家老西郷頼母《たのも》一族二十一人の自刃は、後世まで語り継がれるが、類右衛門は至るところで地獄の光景を目撃する。

土屋一庵の屋敷へ出《い》でたりしにその時、田中土佐大夫《たいふ》は一庵とともに自殺せられしという。余はそれより向かいの堀の内へ駆け入り、屋敷屋敷の裏を通りて山崎邸の門より甲賀町通りをうかがい見るに、老人、婦女子地にまみれ、血に染み、泣き叫ぶ声哀れなり。あるいは婦人、風呂敷包みを背負い出で逃げるに妨げとなり、途中に捨てるもあり、また老人背負いて打たるるもあり、実に目も当てられぬ有様なり。

家老神保内蔵助、田中土佐は、この日、藩医土屋一庵宅で自刃して果てた。類右衛門はその前後にここを通り抜け、国家老西郷頼母宅に飛び込む。ここで類右衛門は、凄惨な婦女子の自刃に出会《でくわ》して、息を呑む。

「西郷の屋敷へ出でけるに婦人方は自殺のところへ会し、見るも哀れなる事なり」──類右衛門はやっと城中にたどり着く。

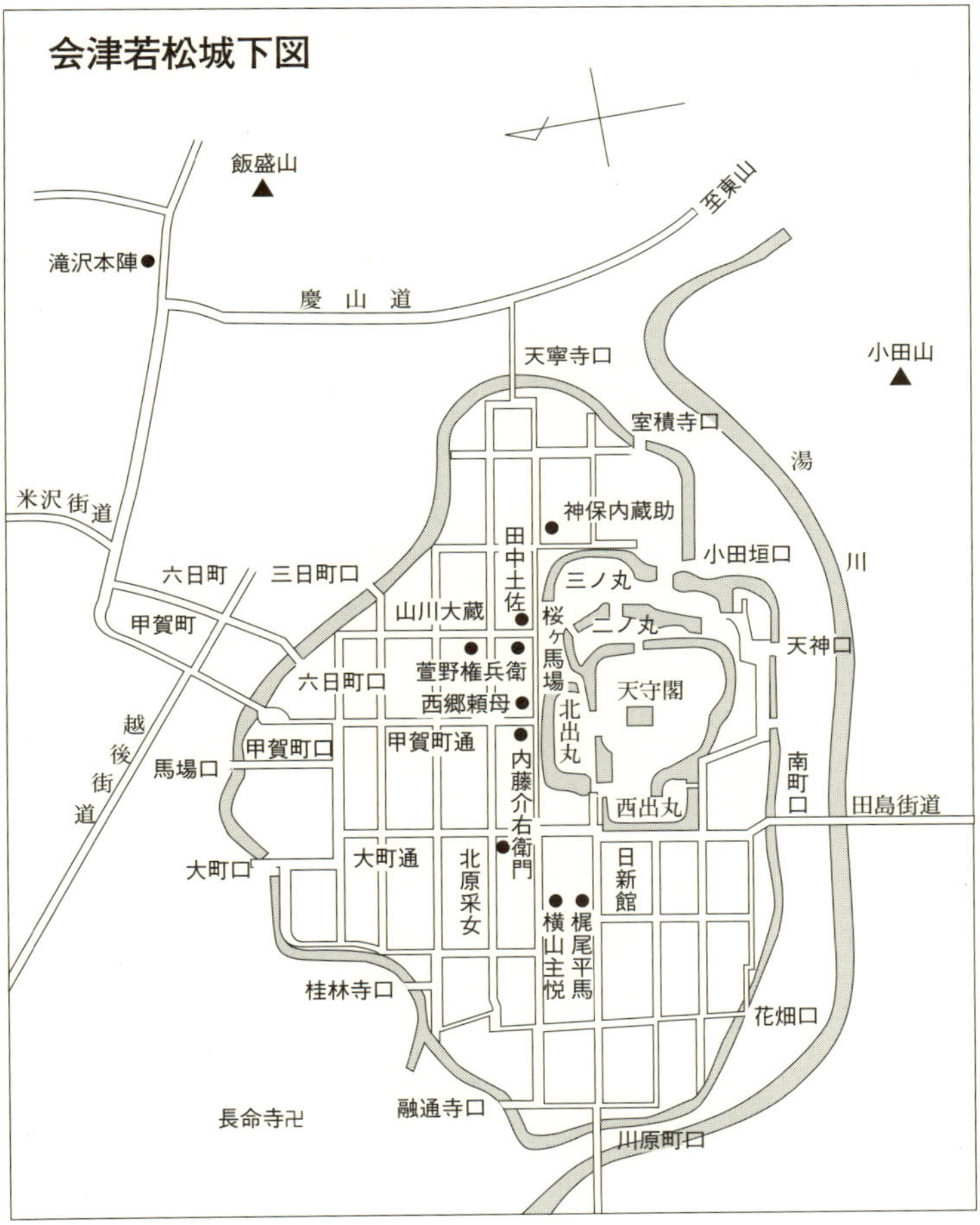
会津若松城下図
飯盛山
至東山
滝沢本陣
慶山道
天寧寺口
小田山
室積寺口
湯
米沢街道
神保内蔵助
田中土佐
小田垣口
川
六日町
三日町口
三ノ丸
甲賀町
山川大蔵
桜ヶ馬場
二ノ丸
天神口
萱野権兵衛
六日町口
西郷頼母
天守閣
北出丸
越後街道
甲賀町口
甲賀町通
馬場口
内藤介右衛門
南町口
西出丸
田島街道
大町口
大町通
北原采女
日新館
横山主悦
梶尾平馬
桂林寺口
花畑口
長命寺
融通寺口
川原町口

類右衛門の家族は前日に郭外に落ちのびており、こうした光景を見るにつけ、それがせめてもの救いだった。

ここでも会津藩の対応の遅れが、多くの市民を巻き込み、犠牲者を増やす結果となった。

城中は人なきがごとし。黒金（鉄）御門にいたれば、宰相公は床几《しょうぎ》（腰かけ）に召され、西郷頼母大夫、簗瀬大夫、山崎大夫、北原大夫、大和君ならびに御そばの面々、御小姓、御坊主等守護奉り居られたり。

城中の兵は皆出払っており、人気《ひとけ》のない黒金御門で、重臣たちが顔を見合わせていたことになる。

いつの間にかひどい雨となり、ずぶ濡れとなった兵士たちがつぎつぎに集まって来る。敵は城門に迫り、弾丸は雨のように突きささる。天神口危うしとの伝令に、決死隊が編制され、類右衛門も出陣した。

類右衛門は主君容保《かたもり》より御流れの盃を賜り、「誠にもって身に余る感涙胆《きも》に銘じ」総勢三十人ほどで城外に討って出る。類右衛門は槍隊である。

討死覚悟の決死隊は、屍《しかばね》を乗り越えて遮二無二《しゃにむに》突進する。敵もその勢いに恐れて敗走。しかし、得たりと追撃した会津軍は、湯川の川原で強力な敵兵に囲まれ、たちまち二十余人が銃弾を浴びて倒れた。

類右衛門は奇跡的に助かり、隊長の山浦鉄四郎らと敵がたむろする延寿寺に火を放ち、勝手知った郭内の屋敷をくぐり抜け、主人北原采女の屋敷に入ってなかを見届け、城に逃げ込む矢先に同僚の野村源次郎が銃弾を受け、「介錯、介錯」と叫ぶが、敵が雲霞《うんか》のごとく後ろに迫り、介錯の暇もない。

もはやこれまで、と何度もあきらめかかり、一度はとある屋敷に火を放ち、自刃しようとしたが、隊長の山浦が「無益なり」と大喝、再挙を期して西出丸に駆け込んだ。

敵の侵入をふせいだ会津鶴ヶ城

この日、大野ヶ原に出陣した白虎二番士中隊は飯盛山まで逃れ、城下に燃えさかる炎を見て落城と誤認、十九人が自刃して果てるが、山浦鉄四郎の指揮ぶりを見ると、リーダーの判断や考え方によって、部隊の行動は著しく異なってくることが分かる。

二十四日、城中の兵を集めて小室金五左衛門を長とする進撃隊を結成、類右衛門は三番槍組甲士（士官）を命ぜられ、出陣の体制を整える。

手薄な鶴ヶ城を、かろうじて守ることができたのは、こうした決死の防戦とすぐれた城郭のおかげだった。

会津鶴ヶ城の縄張りは、中央に本丸を置き、その東に二ノ

会津鶴ヶ城の図（『会津若松史』より）

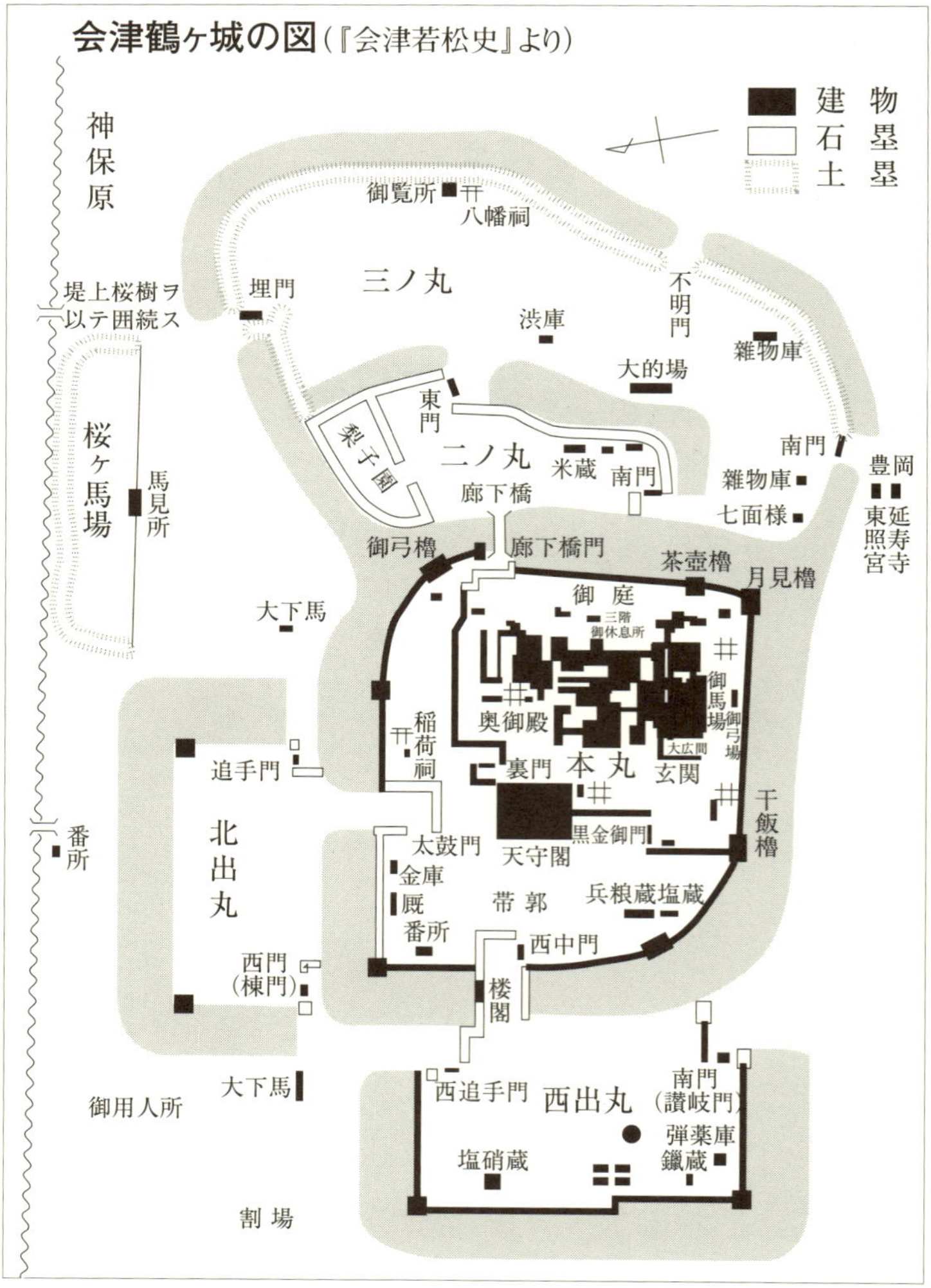

丸・三ノ丸、北に北出丸、西に西出丸が設けられ、本丸への入り口を厳重に固めているのが特徴である。

本丸の中央には五層の天守閣があり、天守から南に幅三間半・長さ二十二間の走り長屋と黒金門が建っている。

黒金門は扉から柱に至るまで、すべて鉄でおおわれており、ここが容保はじめ重臣たちの居住区になった。

北出丸・西出丸・三ノ丸ともに石垣は高く、濠は深い。濠は満々と水をたたえ、要所要所に銃眼もあって、いかに薩長軍が強くても、簡単に攻め込むことは難しかった。

敵も犠牲が増えることを恐れ、突入をあきらめ、悪夢の一日が終わる。

怒り心頭

「国境へ出兵の人数、敵城中へ迫ると聞き、怒りを発し、鳥の空中を飛ぶがごとく途《みち》に遮《さえぎ》る敵をば討ち払い、昨夜より入城し、城中に満ちたり」

「城中の婦女子兵粮を握り、また弾薬製造の手伝いをなし、御座中（座敷のなか）は抜身の槍、長刀《なぎなた》を提《さ》げ通行、その雑踏はなはだし」

「佐々木某、御神酒を乱飲し、西郷勇左衛門殿へ悪口を申し、直ちに槍にて突き留めらる」

「佐々某、合い言葉を失し、山浦鉄四郎に槍にて突き留めらる」

「根岸久八、自刃して死にたり。城中の御人数のなかに狂気になり、自刃する者も往々これあり」

「長岡侯、国より御所持の千両箱いくつも三ノ丸へ運搬し、打ち破り諸人に与うといえども、わが隊は一人もこれを受けたるものなし。必死のわれら戦うに妨げとなるがためなり」

類右衛門はこの二、三日に見聞したさまざまなことを書き記している。国境の兵が空中を飛ぶ鳥のように帰って来たという表現は、きわめて斬新だし、婦人たちが槍や長刀を抱えて歩き回る姿は、会津女性の勇ましさを物語る。

二人の兵士が、槍で突き殺される場面は、殺気立つ城内の空気を伝えている。このときの合い言葉は〝萩が散る〟で、佐々某はこれを忘れて殺された。

あまりの恐怖に狂人になる者、長岡侯が千両箱をぶちまけて配る場面も異様である。戦争は人を狂気にする。その姿を類右衛門は冷静に描いている。

婦人たちの力もあいまって、からくも落城の危機を脱した会津鶴ヶ城に、ぞくぞくと国境の兵が帰還し、籠城の体制が整ってくる。

圧巻は二十六日、日光口から帰還した山川大蔵《おおくら》率いる朱雀四番寄合組中隊、別選組隊、狙撃隊、水島奇兵隊などの精鋭である。

若き武将山川大蔵は、鶴ヶ城が敵に包囲されたと知るや、兵士に郷土芸能「彼岸獅子」の囃子を演奏させながら、正面から堂々の入城を図った。敵の目をごまかし、味方からは敵兵とまちがえられない鮮やかな作戦である。この作戦は見事に成功し、城内にどっと喚声があがる。この日から山川大蔵が軍事総督に就任、政務担当の梶原平馬とともに籠城戦を仕切る。
筆頭国家老の西郷頼母は、「今日、この窮地に陥るは、家老等余の献策を容れざるためなり」と悲憤慷慨、統制がとれないため城外追放となり、指導部は梶原・山川を中心に若手に切り替わる。これによって、会津軍の士気は大いに高まった。
家　老　梶原平馬　　政務を担当
〃　　山川大蔵　　軍事を担当
〃　　原田対馬《つしま》　　西出丸を指揮
〃　　海老名郡治　　北出九を指揮
〃　　内藤介右衛門　三ノ丸を指揮
〃　　佐川官兵衛　　城外を統括
若年寄　倉沢右兵衛　二ノ丸を指揮
これに対して薩長軍は、城の周囲に大砲を並べ、砲撃戦に出た。
敵は小田山《おだやま》、慶山《けいざん》あるいは郭外の土堤《どて》へ大砲を仕掛け、幾千となく打ちかかる。その音、雷の響くがごとし。城中にても追手高塀あるいはところどころの土堤、大銃を仕掛け、発砲す。なかにも廊下橋より小田山へ撃ち出す大砲にて敵を悩ませしなり。これは山本覚馬妹にして川崎庄之助妻なり。さすがは砲術師範の家の女なり。大砲を発する業誤らず敵中へ破裂す。諸人目を驚かす。身にはマンテルをおおい、小袴を着け、あたかも男子のごとし。

会津女性の奮戦がここにも出てくる。

城下の戦いは、両軍睨み合いのまま長期戦の様相を見せる。会津軍は連日のように夜襲をかけ、敵を悩ませた。夜襲をかけると敵は食糧、弾薬を放置して逃走する。会津軍はそれを城内に運び入れ、くじけることなく、戦いを続けた。

夜襲を恐れた薩長軍は、周囲の山に大砲を運びあげ、遠距離からの砲撃に出た。特に鶴ヶ城を見下ろす小田山から撃ち出す鍋島藩のアームストロング砲は威力があり、天守閣はハチの巣のように穴だらけになった。多い日は一昼夜に、二千数百発もの砲弾がぶち込まれたというから、史上かつてない大虐殺、皆殺し作戦である。

八月二十六日の日記には、「御座中へ幾百となく破裂丸打ち入り、これに中《あた》り婦女子も死傷これあり」

「大書院、小書院をうかがい見るに、破裂にて疵を蒙るあり、自殺の婦人、または懐妊の婦人もあり。実に目も当てられぬ有様なり」

などの記事が見られる。

怒り心頭の会津軍は水盃を交わし、死を覚悟で城外に打って出た。いつ死んでもいい。類右衛門は、知人の山口庄之助に自分の髪と辞世の歌をあずけて出撃した。万一の場合、山口が類右衛門の家族を捜して、届けてくれる約束である。ところが不思議なことに、いつも無傷で帰って来る。

「二十八日、明け六ッ時に当隊出兵す。大和町辺りに屯《たむろ》する敵陣へ少しく発砲して、勇々として帰城す」──得意然とした記述である。この夜、類右衛門に再び出動の命令が下る。

遊撃隊

八月二十八日、会津軍は、大規模な反攻に出た。第一砲兵隊・別選隊・衝鋒隊・順風隊・遊撃隊・進撃隊など九隊、約千人余の決死隊が組織され、当夜、主君容保《かたもり》の前に整列した。

類右衛門の所属する進撃隊は、隊長の小室金五左衛門以下四十八人、甲士（士官）三人、一番槍隊十二人、二番槍隊九人、一番銃砲隊十一人、二番銃砲隊十二人の編制である。槍には白木綿に進撃隊と書いた三字の白旗を結びつけ、主君容保の義姉照姫から授かった「南無妙法蓮華経」の旗を先頭に立ててての出陣である。

類右衛門は槍隊の指揮官。進撃隊の戦法は、まず銃隊が遠距離の敵に向かって発砲、次第に敵をおびき寄せ、近づいたところで槍隊が突進する手はずになっていた。

今夜九ッ時、佐川陣将をはじめとして九隊の隊を召され、九隊の兵士も君前に蹲踞《そんきょ》す。佐川陣将言上には、敵日々に迫りたり。よって明暁は九隊をまとめ進撃して敵を払わずば、たとえ身微《み》塵《じん》になるも、入城すまじき意を盟《ちか》いて申し上げられたり。君感涙を流され、一同尽力奮戦すべきの御意ありて、一統へ酒ならびに餅を賜り、勢気を労《いたわ》らしめたまう。

朝もやをついて出撃した会津軍は、融通寺町、西名子屋町、桂林寺町の敵陣を蹴散らし、長命寺の敵と大乱戦になった。しかし、圧倒的に優勢な敵の火砲の前に会津兵はつぎつぎに斃《たお》されていく。

味方の死傷はなはだし。わが隊は小室隊長はじめとし過半討死にす。桜田勇も余が目前にて胸を撃たれたり。余直ちに介錯し、首を塀の外溝へ投げ入れたり。

決死の会津軍もじりじりと押され、佐川官兵衛は残兵をまとめて、郭門の丸山村之助の屋敷に入り、ある限りの畳を持ち出して胸壁をつくり、最後の決戦を試みる。

類右衛門も同じ隊の仲間三人と、このなかにいた。腹が減ったので、ふらふらと台所のほうに足を向けた類右衛門の目に、大きな桶が飛び込んできた。渋紙の蓋《ふた》がはってある。紙を破くとなかに濁酒《どぶろく》が入っていた。

天の与えとまず佐川将に勧めんと、摺鉢へ酌み持ち行きたり。将欣然と喜び、大息ついて飲まれたり。それより三人、桶の周りに打ち寄り、思いのままに飲み、心よく討死にせんと語り合い、茶わんを取って飲みしに、穴沢最助酌みあげて、手に持ちし茶わんへ弾丸一発飛び来たり、茶わんは微塵に砕け、三人の面中へ酒を被りたり。

なんともすさまじい情景である。三人は呆然と顔を見合わせたが、やがてからからと笑い、再び心ゆくまで濁酒を飲んだ、と類右衛門は記している。ところがなぜか、そのまま敵の逆襲は止み、類右衛門はまたしても生命《いのち》拾いをする。

この日から佐川官兵衛の部隊は、城にもどらず、ゲリラ戦に出る。類右衛門も焼け残った土蔵にひそみ、敵のようすをうかがうが、いたるところに死体の山が放置され、目をおおうばかりだった。

九月二日—

御城中器械方より、弾薬請け取り参るべき命を我れ蒙むりければ、直ちに城へ行き、これを請け取る。帰陣に米代《よねだい》一ノ丁を帰りしに、途中に打たれ斃れし屍《しかばね》、所々にあり。なかにも歳《とし》五歳ばかりと十五歳ばかりの男子、枕を並べ死し斃れたる有様、見るも哀れなり。その他、諏訪社中に自殺せし婦人二人あり。（中略）また内藤介右衛門大夫の家族は、面川《おもかわ》村の寺に行かれしに、敵に寺を取り囲まれ、主従十八人自殺、介錯はその老臣古川十兵衛なりとぞ。

この間、類右衛門は二度も危険な目に遭う。一度は、家族が谷木沢村の蔵之進方に避難しているというので、捜しに出かける途中、突然、落人《おちうど》風の者に襲われた。

九月四日――
われに向かい理不尽に、わが胸元を掴《つか》み、汝は落人なるべし、われ答えて左様の者にあらず。進撃隊某なり。いま隊長の用向きあって通るといえば、彼の者、偽りいうなといいながら、われを突き飛ばしたり。

このころ、戦場荒らしの追いはぎが徘徊していた。傷ついた兵士を襲い、刀や金品を奪い取るのである。混迷をきわめた戦国時代のような話だが、事実である。槍で立ち向かった類右衛門に恐れて賊は逃亡するが、案内役の村人は逃げてしまい、家族に会うことができなかった。

二度目は、闇にまぎれて酒を捜しに出かけたときのことである。米代二ノ丁目角、郭門の焼け跡に野営していた佐川隊は寒くて眠れない。酒を捜してまいれ、と佐川隊長がいうので、佃、菊地を連れて川原町の山中酒店の蔵に入り、手桶に酒を汲んでいた。ところが何者かが、「佐川殿からの指図なり、酒持ち行くべからず」という声がして、土蔵の戸は外から閉められてしまった。

驚いた三人は、慌てて土蔵の扉を開けようとしたが、押せども引けどもびくともしない。そのうちに土蔵の窓が明るくなった。近くに火災が起こり、火は燃え移らんばかりの勢いである。焼け死ぬよりは刺し違えて死ぬべしと、覚悟を決めたところへ、野村権之進ら槍組が大勢駆けつけ、救い出してくれた。

さすがの類右衛門の額にも脂汗が浮いていた。一体、誰が扉を閉め、なぜ、野村権之進らが駆けつけてくれたのか、そのあたりのことは分からないが、「危なく命を免れしは、運の強きところなりと人々いいけり」—類右衛門は自分の強運をこう記した。酒をめぐり仲間内のトラブルがあったのだろうか。
このころ、会津城下を占領した薩長軍の略奪、暴行は一層ひどくなり、会津藩兵たちは、城下を荒らし回る敵兵に歯ぎしりして悔しがった。

ゲリラ攻撃

九月七日、佐川官兵衛に新たな指令が下った。武器・弾薬・食糧の調達である。

会津藩は籠城戦の戦略が欠如していたため、城内に弾薬・食糧の備蓄がなく、そこへ三千余の将兵と千五百余の婦女子が籠城したので、たちまち食糧が底をついた。弾薬は城内で製造に当たったが、粗悪品が多く、武器も消耗する一方である。

そこで会津藩軍事局は、日光口に長く延びている田島方面の敵兵站線《へいたん》を襲い、ここから武器・弾薬・食糧を奪って城内に運び入れる作戦に踏み切った。

『会津戊辰戦史』によると、ゲリラ兵団は、朱雀二番士中隊、同三番士中隊、朱雀三番寄合組隊、別選組隊、砲兵隊、進撃隊など約八百である。類右衛門もこのなかにいた。

九月七日夜、さながら忍者のように出撃した。佐川兵団は煙草を吸うことも、しゃべることもいっさい禁止され、ひたすら敵の篝火《かがりび》を目指して進む。まず城下の敵野営地を急襲、手近なところから戦果をあげようというのである。

兵士たちは食糧の餅と、一人百発の弾丸を腰に下げ、はいつくばって進む。ところが無灯火のため、たちまち各隊がばらばらになった。とても統制がとれない。雨も降り出した。作戦変更である。かくして城下の敵野営地を襲うことを止め、一路、田島方面へ向かうことになった。

この夜、類右衛門の進撃隊は日光街道の面川村まで進み、宿陣する。ここには城下から四、五百人の婦女子が避難しており、顔見知りも大勢いた。ここで類右衛門は思いもかけない朗報を聞いた。家族の近況である。敵を避けて転々とし、いまは熊倉村の代官所に止宿しているというのである。

類右衛門は飛びあがらんばかりに喜び、着物と綿入れを手にいれ、母に渡してくれるよう知人に頼んだ。

翌朝、類右衛門の部隊は、田島へ転進。田島は旧天領で、日光口から進撃してくる薩長軍の基地になっていた。ここを攻撃し、敵を撹乱させ、武器・弾薬を奪う作戦である。田島に入る大内峠はなかなかの難所、苦しい行軍が続いた。

九月九日―

此村（大内村）敵の戦卒多く往来し、暴行をなし、人民は皆、山中に寄宿し、何れも空舎なり。隊中はそれぞれ空舎に配宿し、火を焚《た》いて霜威を避け、また分捕りの酒を飲んで軍労を助けて東明を待ちたり。

九月十日―

此の辺りの死傷夥《おお》し。その屍《かばね》を見るに、首なき多く、あるいは腹破るもあり。皆、路傍山間谿《けい》谷《こく》に繁れ、禽獣《きんじゅう》に食われし創口《きずぐち》より蛆虫《うじむし》を生じ、臭気はなはだし（中略）隊のなかにこの死骸は、わが兄に紛れなしとて人夫を雇い、仮に埋《うず》むもあり。深く哀憐すべし。

類右衛門は大内峠の惨状に息を呑んだ。

会津攻撃を目指す日光口の薩長軍は、八月二十九日に田島に入り、翌日には大内峠に進撃、退却する会津軍と激しい戦闘を交わした。

類右衛門が見聞きした大内峠の惨状は、三十日午後の戦闘による戦死者だった。このあたりの動きについて、近年多くの資料が発掘された。

『田島町史』編纂のため各種の資料が集められたためで、そのなかの一つ、「星茂兵衛戊辰戦争書留」（『田島町史』史料編）の内容は、類右衛門の日記にぴたりと符合する。

会津方の御人数、九月九日朝より御引き戻しに相成り申し候につき、田島に永々御滞留成らせられ候官軍方も、田島に足を止めること叶《かな》わずして、所々方々逃げ惑い、田島にて会津方に討ち取り相成り候御方二人あり。

佐川隊の行動は逐一、薩長軍に探知されていたようで、佐川隊が大内峠に差しかかった段階で、敵兵は蜘蛛《くも》の子を散らすように逃げたことが分かる。佐川官兵衛の勇猛果敢さは鳥羽伏見、越後の戦いを通じて知れ渡っており、会津軍の最強兵団が来るとして、敵兵はいっせいに逃げ出したのである。

当時の田島の状況について若干ふれておきたい。会津兵が引きあげたため田島は薩長軍の餌食《えじき》になっていた。日々、略奪、暴行の連続である。

星茂兵衛の「書留」によれば、「田島に御宿陣なされ候御人数のなかには、さまざまの御方これあり。村中御歩行なされ、家、土蔵に入れ置き候家具、夜具、諸道具の類、お取あげに相成り候には、はなはだ難渋仕り候」といった状況だった。略奪品は、日光口の今市まで荷馬で送り、そこで売りさばいていたのである。

当時、会津に攻め入った軍隊をどう呼ぶか。官軍・新政府軍・西軍・薩長軍、実にさまざまで、比較的、安易に使われている。ここまでは薩長軍と呼んできたが、こうした徴発の事実、しかも代価は支払われず、事実上略奪であったことから見ても、新政府軍、官軍と呼べる代物でなかったことは明らかである。

このため各村々では、農兵隊を組織、会津軍と呼応して自衛の戦いに入るのである。

田島農兵隊

農兵隊はどのような戦いをしたのだろうか。田島に近い栗生沢《くりゅうざわ》村の名主「湯田久右衛門聞書」(『田島町史』史料編)は、農兵たちの鬼気迫る戦いを記述している。

官軍、二度田島に戻り来り乱ぼうをはたらく。百人位の悪官軍残り、村々を押し借りするなど戦□□（欠字）したる有様なり。地方の百姓の手をもっては如何《いかん》ともなす能わざるにつき、名主の秘密会議をなし、針生《はりう》より田島組一戸一人ずつ出て追い払う事に決定す。

こうして結成された農兵隊にとって、佐川隊の田島進攻は、好機到来であった。農兵は佐川隊が来ることをいち早く触れ回り、半鐘をガンガン鳴らして敵に恐怖心を与え、火縄銃・竹槍を手に敵の本営に攻撃を掛けた。農兵たちは逃げる敵を追い、刀や鉄砲を奪い、取り囲んで撲殺した。佐川隊の反攻とともに農兵たちの意気が高まったのは当然のことながら、それは狂騒となって、ときとして異常な行動に駆り立てることになる。村の要所要所に昼夜の別なく篝火をたき、厳重に見張り、敵兵がまぎれ込むと、捕らえてなぶり殺した。

九日午後四時ごろ、向こうより一人の若武者参り、何者ならんとがんどうにてらし見るに、姿は商人らしく見ゆれど、道中ざしをさし、帳面風呂敷を一個担え、前頭の様子見れば、今日追われた残兵とも見られ、道に迷って難渋するから助けて貰いたいというも聞き入れず、取り調べて見しところ、通用にならぬ金一両二分あった。風呂敷を調べたところ、金紙の采配があった。腰の物は銀銅造りの脇差一本だけであった。その所持した刀で首を打ち、村へ持ち来たり、源次が前の馬肥《うまごえ》置場のところに二十日もさらして置いた。

これもすさまじい話である。十一日にも一人の敵兵が殺された。

名主宅で大小所持品を取りあげ、本人が持参していた酒を五合ほど飲ませ、酔ったところをしばりあげ、鉄砲で殺すや、すぐさま腹をさき肝《きも》を食った、というのである。

田島の奥、伊南川《いながわ》筋でも生き肝を食う資料が見つかっている。「伊南川筋戊辰戦記」(『田島町史』史料編) に次のようにある。

山口村にて飯山隊の人夫二人、荷物の始末し、引きおくれしを生捕り、その夜、神庭《かんば》の内へ引き来り、河原へ連れ行きなぶり殺しに致しける。また仲間なるや、越後の者なれば、命ばかりを助けくだされとわびける由を、神庭の後田の端にて農兵ども斬り捨て、大勢集まり生き肝を抜き、肉をそぎ、隠居屋の前に火を焚き、あぶりて醤油を引き、意気すきの農兵互いに気分を見せ、われまんしてうまし、うましといいて食いける有様は、見る人はさらに聞くもの身の毛よだって、人も鬼になりたるを、ぶるぶる恐れるばかりなり。

後半の表現に、やや分からない部分もあるが、「意気すきの農兵」たぶん強がる農兵だったのだろうが、生き肝を張りあって醤油をかけて食べる光景は、まさしく身の毛がよだつ恐ろしさである。

農兵たちはいたるところで、はぐれた兵士や兵卒を襲った。自衛というよりは、金品目当てに襲ったと思われるケースもある。

前に引用した「星茂兵衛戊辰戦争書留」の一節である。九月十七日、湯田要吉、百太郎、伝吉、仲吉の四人がおそ廻りに出かけた。中川原の方に助けてくれという人の声がするので、足を止めて見れば、二人の武士が刀を杖に立っている。要吉が話を聞いてみようと近寄った。男はずぶ濡れで、九日、追われた残兵だという。田島へ何里かとたずねたので、二里半と答えると、二人は尻餅をついて倒れた。芸州藩だが、国へ帰れば望みごとはなんでもかなえるから、助けてくれと歎願した。七日間一口も食っていないというので、自分たちのむすびを出したところ、非常に喜んだ。四人は村へ取って返し、集会を開き、彼らの処置方について相談した。結局、殺して金を取ることになった。生かすほうの賛成者は、ほとんどいなかった。二人は撲殺され、首は名主の門にさらし、二人の懐から奪った金子《きんす》は後日、村人に配当された。この芸州藩士は、懐中に五十両の包みを三個も持っており、この金の配分をめぐって、農民の間に内紛が起こっている。

類右衛門の日記からは離れるので、農兵たちの戦いぶりを、これ以上記述するのは止めるが、各種資料はこうした生々しい農民たちの動きを記している。

従来、会津領内の農民については、板垣退助の見方が支配的だった。

板垣は会津城下の戦いの感慨として、「会津は天下の雄藩である。もし、上下心を一つにして戦えば、わが官軍にたやすく降伏することはなかったろう。ところが、一般の人民は官軍に敵対する者がいないだけでなく、協力する者さえ出てくる有様だった」（板垣退助監修『自由党史』）と述べたが、田島の農民に見るかぎり、板垣の見方とはまったく異なった行動をしている。戦争は決して平板に捉えることはできない。

第四章

無念の白旗

▶会津藩降伏の図（『会津軍記』）

涙の再会

類右衛門はこのころ、なにをしていたのであろうか。日を追って、その行動を見よう。

九月十一日―

西軍充満し、追々高田村本営切迫の形勢なり。よって砲兵わが二隊、彼の方面へ出兵すべき命ありければ、その旨を大内峠の守兵へ告げて、直ちに起陣。

大内峠の麓に野営していた類右衛門の部隊は、城外の拠点である高田本営切迫の知らせに、急遽、高田にもどることになった。高田村は会津城下に近い農村で、伊佐須美《いさすみ》神社や法用寺三重塔などの神社仏閣があり、その周囲に宿屋もあった。高田村に着いた類右衛門は、宿屋の一つ泉屋に宿陣、村人のもてなしを受け、久しぶりに畳の上で酒を飲み、食事をし、安眠する。

同十二日―

隊士一同、村北へ巡邏へ出るべき命ありければ、列を正して繰り出しけるに、途中、田の傍らに町人体の女、酒肴を煮売りしおりたりける。余を見て直ちに馳《は》せ来たり。これは余、常に知る柏屋留四郎と申す者の家内なり。同人いう。御家内とともにこの村に止宿せり。しばしといいて駆けて行き、家内に告げれば家内皆、馳せ来たる。

類右衛門はふとした偶然で、母と妻子に会うのである。「今日までの無事を賀して別れたり」──短い文章のなかに、類右衛門の喜びがあふれている。この夜、類右衛門は密かに酒一樽をかかえて、家族のいる留四郎の家に行き、水入らずの時を過ごす。

母に酒をすすめ、また留四郎にもすすめ、家内世話になりしを謝し、終夜、物語して、母へ懐中の金をいささか与えて帰陣す。

類右衛門の人柄がにじみ出ている文章である。涙を流して再会を喜ぶ家族の姿が目に浮かぶ。

同十三日──

今宵は後の明月なれは、舎亭（宿）へ申して餅、酒を設け、一同これを飲食す。夜に入れば月は曜々《ようよう》として、明《あきらか》に軍営の軒端《のきば》を漏れて、戎衣《じゅうい》（軍服）を照らす。皆一同、昔を思い出し歎息《たんそく》にたえず。

翌十四日夕刻、雀林《すずめばやし》村の村人から敵兵が民家に押し入り、物を盗み、鶏を奪い捕り、乱暴に及ぶという注進があった。槍組が巡邏して追撃した。

間もなく敵兵約千がこちらに向かって来る、という知らせが入った。類右衛門は北東一里ほど先に野営している野田隊に応援を求めた。この情報は誤りで、ほっとしたのも束の間、翌早朝、会津若松に激しく砲声が轟き、目を覚ました。

十五日、若松に砲声烈しく聞こえければ、陣営を出て東方を望めば、小田山《おだやま》、慶山《けいざん》辺の山腹より砲烟墨雲《ぼくうん》のごとく、砲声は百、千の雷の鳴り響くがごとく、小銃の音は板屋に豆を撒き散らすがごとし。城中よりも応砲劣らず。

敵の総攻撃が始まったのだ。

城中いかんと心を動じ、切歯して夜の明けるのを待ちしに、城中つつがなきを聞き、かつ城中の兵も進撃して一堰《いちのせき》辺の戦いに、味方大いに勝利を得たりというて、喜悦《きえつ》の眉《まゆ》を開きたり。

会津軍はまたしても敵を撃退、類右衛門も追撃に移り、敵の死体がいたるところに転がっているのを目撃する。死体のなかに長州振武隊木梨精助、平ノ常信と書いた袖印があった。また短刀を取って見ると、鮫柄《さめづか》で目釘は金の沢瀉《おもだか》の紋。長州藩の侍と分かる。会津藩兵の逆襲に遭って殺されたのだろう。

戦いは一進一退で、深追いすると窮地に陥る。攻めてはいち早く退却する。その繰り返しである。

十八日朝、敵の大軍が雲霞《うんか》のごとく高田村に押し寄せた。敵の逆襲である。

類右衛門らはかねて決めていた村北の神社、村西の寺に立て籠もり、四十有余人、二手に分かれて立ち向かった。隊の半分は槍組なので、遠くの敵を防ぐ術《すべ》はなく、ただ手に汗を握って待つのみである。二十余人の砲士は必死に撃ちまくるが、敵兵は前後、左右に動き回る。砲士はこれを目がけて弾丸を撃ち続け、十二、三人を撃ち殺したが、敵兵はものともせず進んで来る。

敵の兵士が間近に迫った。類右衛門ら槍組は身構えた。神社の大木の陰に佃、平山、村松、野村、荒川、菊地の六人が潜み、一・二・三の三声を合図に、穂先を揃え、突撃しようとした。

これを見た武井隊長が白刃を振りあげて駆けつけ、「死すべき場にあらず」と退却を命じ、類右衛門はまたしても危機を免れ、生命が助かる。類右衛門らは雨霰《あめあられ》と注ぐ敵の銃弾を避け、村の裏手に回り、寺の境内に身を潜み、高田の本営にもどる。この間も、敵はいたるところで残虐きわまりない殺戮を繰り広げていた。

「伊佐須美社内にて敵、女を裸体《らたい》になし、斬り殺してありと。その振る舞い、強賊といわざるべけんや」──類右衛門はこの一行を、怒りを込めて書き記している。

この日、大内峠の佐川官兵衛から使者が来て、全隊大内村集合の命令が下った。類右衛門らは夜を徹して大内村に向かう。

大内峠の頂上は死体が散乱し、目をおおう惨状であった。「路傍の髑屍腐爛《しかばねふらん》するを見て、人皆、悽愴せざるはなし」──類右衛門はこう記している。

峠を下ったところで、総督佐川官兵衛が、全軍の兵士に檄を飛ばした。

敵軍は四方を取り囲み、城中に諸物入る事能《あた》わず。また城外防戦の諸隊も兵粮弾薬、金も尽きたり。いまは進退ここにきわむるに至る。しかしながらいま、一策をせん。しかして後に城をともに枕とせんのみ。よって面々、いま一度尽力致すべし。

佐川の演説に兵士たちは固唾《かたず》を呑んで聞き入った。佐川の一策とは、味方の農兵がいる田島に、城外の本営を移し、長期のゲリラ戦に出る作戦である。

九月二十一日、類右衛門らは田島に入った。街道ぞいの民家はすべて空き家となり、人はいない。このため食べものを調達できず、難渋した。しかし、ここにもソバや濁酒を売っている勇気ある商人がいて、皆、この店にハエが群がるごとく殺到、なんとか空腹を満たすことができた。類右衛門の宿舎は新角屋《しんかどや》である。宿に手荷物を置き、外に出た。敵兵の姿は、どこにも見当たらない。類右衛門は愛宕山に登り、会津の勝利と家族の安全を祈願した。

二十四日、田島から四里ほど山に入った大芦村に敵五、六百が屯集しているという注進があった。いよいよ出動である。類右衛門は後軍《しんがり》を命じられた。夜間行軍して早朝、大芦村に入り、一気に敵本営に突撃した。不意を突かれた敵軍との間で、斬り合いが始まった。

会津の槍

類右衛門も槍で立ち向かった。

蔵の傍より一人現れいでたり。余を見るやいなや刀を抜き、真っ向に振りあげ、進み来たる。これよき相手なりと槍を捻《ひね》って進み、〝汝一突きに斃しくれん〟と突き入れたり。彼の者、槍切り払いて進まんとす。二の槍を入れしにまた払いたり。〝残念、逃がさじ〟とまた突く槍を払い、直ちに槍に乗って進み、手元まで来る。余、柄を槍首まで引きしを得たりと切り込みたり。余、手早く太刀下潜《くぐ》って跪《ひざま》ずき、槍首とって岩をも通れと、臍下《へそした》に突き当てたり。蹣跚《まんさん》逡巡するをすかさず胸板突きて斃したり。

類右衛門が敵兵を槍で突き殺したのだ。このあたりの日記の表現は、恐ろしいまでに迫真に満ちている。

敵は会津の槍を恐れた。会津の槍隊は銃弾をかいくぐって、斃しても斃しても突っ込んで来るからである。

この日の戦いで、類右衛門の部隊は大戦果をあげた。三沢与八は刀で、佃源次右衛門は槍で、大竹義助、五島経之助、山田熊之助、鹿目幸之助も刀で敵一人を斃し、林田六郎右衛門は鉄砲で一人を討ち取った。

「生け捕りは下人《げにん》一人、分捕りの諸品は鞍《くら》一つ。その品物は弾薬、千両箱、長持、両掛、天幕、駕籠、そのほか食物等なり」と類右衛門は戦果を記した。

会津軍にも若干の被害があった。武井隊長が足に貫通銃創を負い、類右衛門が背負って本営に退いたが、久しぶりの大勝利に村人がどっと押し寄せ、分捕り品の運搬に当たった。

村民、兵粮、松明を負い来たりければ、まず飢えをしのぎ、明《あか》りを得、盲目の杖を得る心地して五更《ごこう》（午前三時～五時）のころ、麻布の村宿へ凱陣し、分捕りの諸品をまとめて寝息す。

二十五日には、隊長から金二分ずつの手当てが支給され、二十六日には、餅が振る舞われた。二十七日、田島へ引き返すべき命令があり、小野田隊とともに陣列を正し、分捕った斤二門（山砲）・弾薬数荷・諸器品を連ね、威儀堂々として田島へ凱旋した。

「村中の人民、寄宿の諸隊、宿前に出て参観する多し」――類右衛門の得意顔が浮かぶ。田島は会津軍の一大後方基地となった。

その矢先、類右衛門たちは意外な通知を受けて愕然とする。田島の宿陣に主君容保《かたもり》の御文書が届けられ、会津藩が降伏したというのである。

拝読するにかく数日、艱苦をなめ、城を保ち、その良策なきにしもあらざるべけれども、王師に抗衡（対抗）するを悔い、かつ人民婦女子の苦難を愍《あわれ》み賜い、その非を御一身に受けさせらる。その御仁恤《ごじんじゅつ》、恐れ多きことならずや。実に再拝稽首《けいしゅ》、泣血《きゅうけつ》して慎居すべきなり。

類右衛門は込みあげる悲しみをこらえながら、降伏を納得する。悲憤慷慨し、あくまで抗戦を叫ぶといったことではなく、周囲の情勢をよく見きわめ、やむを得ないこととして受け止める。

そして、こうした判断を下した主君容保に、限りない敬愛の念を抱いた。

しかし、総督佐川官兵衛は文面を持参した桃沢彦次郎に対し、大いに非を唱えた。

> 奥羽列藩同盟の趣意は、足下《そっか》の知るところならんに、いま、降を勧むるはなんぞや。列藩同盟して戦う所以《ゆえん》のものは、君側《くんそく》の姦《かん》を除かんとするにあり。足下西軍のなす所を見よ。民の財貨を奪い、無辜《むこ》の民を殺し、婦女を姦《おか》し、残暴きわまれり。これ姦賊にして王師にあらず。故に戦わざるべからず。皇国の臣民たるもの、誰かあえて天朝に抗せん。
>
> 聞くが如くんば、仁和寺《にんなじ》官錦旗を進めて塔寺《とうでら》村にありと。誠に恐懼《きょうく》にたえず。願わくば余を総督府の軍門に伴なわんことを。
>
> 余は親しく親王に謁し、哀訴して朝敵にあらざる事実を明らかにする事を得ば、降伏は固より命の侭なり。もし朝敵にあらざるの事実を明らかにすることを得ずんば、あえて命に従う能わず。

(『会津戊辰戦史』続日本史籍協会叢書)

類右衛門の日記に、官兵衛の言葉は記されていないが、文人である類右衛門にとって、戦争はあまりにも苛酷であった。幸い家族の無事を確認している。城内に入る道も途絶され、落城は目前だっただけに、なにかほっとした気持ちさえする心境だった。

「同二十九日、夕より雪降る」――類右衛門らの上に冷たい雪が降った。長い冬の訪れである。

戦争の悲哀

会津藩首脳が降伏を決断したのは、十日ほど前であった。同盟を結んだ米沢藩が九月四日に降伏、もはやどこからも援軍は来ない。城の四方を敵に囲まれ、弾薬・食糧の補給もままならない。重臣の手代木直右衛門《てしろぎすぐえもん》、秋月悌次郎《ていじろう》は密かに米沢藩陣営を訪ね、薩長軍へのあっせんを依頼した。九月十九日、両手を縛られ、丸腰の手代木直右衛門、秋月悌次郎が米沢藩兵の案内で土佐陣営に板垣退助を訪ね、降伏を申し出た。

攻め寄せた敵を官軍と認め、土佐藩にすべてを一任した会津藩は、九月二十一日、砲門を閉じ、翌二十二日巳の刻（午前十時）、鶴ヶ城北追手門《きたおうてもん》に白旗を立てた。白布はことごとく使いはたしたため、小さな布切れを集め、籠城の女性たちが涙ながらに縫い合わせた白旗である。類右衛門ら城外の兵士たちは、このことを知らずに戦闘を続けていたことになる。通信手段のない当時としては、こうしたこともあったのである。

正午から甲賀町通りで降伏の儀式が行われた。会津藩からは主君容保、世子喜徳親子、家老の萱野権兵衛・梶原平馬・内藤介右衛門、軍事奉行添役秋月悌次郎、大目付清水作右衛門らが礼服をつけて着席、官軍からは軍監中村半次郎、軍曹山県小太郎、使番唯九十九《つかいばんただつくも》らが諸藩の兵を率いて式場に臨んだ。容保が次の降伏の書を中村半次郎に手渡し、会津藩は全面降伏した。

臣容保、恐れながら謹んで言上奉り候。拙臣儀、京都在職中、天朝に莫大の鴻恩を蒙りながら、万分の微衷《びちゅう》も報い奉らず、そのなか当正月中、伏見表において暴動の一戦、旨意《しい》行き違い候より、近畿をはばからず、天聴を驚かし奉り、深く恐懼《きょうく》奉り候。

爾来、引き続き今日まで遂に王師に抗敵奉るは、僻土頑陋の訛誤、いまさらなんとも申し上げ様御座なく候。

実に天地に容れざるの大罪、身を措く処なき仕合せ只々《ただただ》恐懼仕り候。熟々相考え候えば天下の大乱を醸し、人民塗炭の苦しみを受け候次第、まったく臣容保の致すところにござ候えば、この上いか様の大刑、仰せつけられ候とも、いささかも御恨み申し上げず候。臣父子ならびに家来どもの死生、ひとえに天朝の聖断を仰ぎ奉り候。ただし国民と老幼婦女子とに至り候ては、元来、無知無罪の儀に候えば、右等一統、御赦免仰せ出でられ候様伏して歎願奉り候。

これによって、従来の諸兵器、ことごとく皆差し上げ奉り、速やかに開城、官軍御陣門に降伏謝罪奉り候。この上、万一にも王政御復古、出格の御憐愍《ごれんびん》をもって至仁の御寛典の御沙汰、仰せつけられるについては冥加の至り、ありがたく存じ奉り候。この段、大総督の御執事まで万死を冒《おか》し、嘆願奉り候。誠惶誠恐《せいこうせいきょう》、頓首再拝《とんしゅさいはい》

慶応四年九月二十二日

源　容保　謹上

たとえおのれに罪がなくても、戦いに敗れた以上、頭《こうべ》を伏し、謝罪嘆願をするしかない。会津藩は涙を呑んで謝罪降伏した。すべての責任は自分にあるとした主君容保の態度は立派だった。容保は京都時代、病弱でその能力を発揮しえないままに終わったが、会津戦争中は、自ら陣頭で指揮し、会津武士の意地を貫き通す頑《かたく》なさを見せつけた。

嘆願書を受け取った中村半次郎が、明二十三日をもって家臣は塩川・浜崎・猪苗代に謹慎、傷病者は青木村に収容、婦女子および六十歳以上、十四歳以下の者は勝手に立ち退くべしと述べ、式を終えた。

容保は鶴ヶ城にもどり、重臣・家臣を召して訣別の意を表し、戦死者を葬った城中の空井戸や二ノ丸の墓地に香花を捧げた。このあと、全部隊の前を通り、一隊ごとに労をねぎらい、城外に出て、滝沢村の妙国寺《みょうこくじ》に入って謹慎した。

会津軍の戦死者

会津軍の戦死者は少年白虎隊や家族も含めると三千人を数え、町の大半は灰燼と帰した。

〝いまに会津が江戸になる〟と歌われたあの栄華は、どこにもない。容保主従が落ちのびる姿は、敵味方ともに万感胸に迫るものがあった。「大垣藩奥羽征伐史資料」（『会津戊辰戦史』所収）は、次のように伝えている。

一、官軍八月二十三日、会津城下へ打ち入りし以来三旬、この間、会津臣民は老幼を問わず生命を賭し、ただ君主のために奨揚しつつ戦いしも弾丸、兵食相つき、かつ寒気相加わり一層困難、人民塗炭の疾苦を憂慮し、ついに降伏せり。戦敗は時運によるのみ。今日の場合、その進退を官軍に任せて多くの士卒を害せず、人民を塗炭に苦しめざりしは、これ大勇の致すところ、識者は必ず感歎すべし。ああ人傑多きかな。（中略）

一、老君侯父子、血涙を呑んで臣下と生別し、家族とともに輿に乗り、十時退城、山県軍曹騎馬にて前駆し、薩士《さつと》の二小隊前後を擁し、城外滝沢村妙国寺に至り謹慎せらる。諸藩の官軍、途中にこれを目送す。

ああ戦国の習いとはいいながら皆落涙、衣襟《いきん》を湿《しめ》らさざるものなし。ことに大垣藩に至りては、万延以来、京都にありて互いに忠勤を尽くし、特に今春相提携して、洛南において薩長と銃砲を交え、今秋は会藩と旧好の情、一瞬間に相反目し、槍剣を戦わす。まことに時勢とはいいながら会津とともに京都御守衛に相任じ、国家の安危を憂え、勤王の志《こころざし》厚かりしに、朝義一変して相ともに朝敵となり、再変して今日の場合に至る同藩の真情、嗟嘆《さたん》にたえず。

また鳥羽戦争に携《たずさわ》りたる大垣藩隊士等非常の感動が胸中に湧出《ようしゅつ》し、悲喜こもごも至り、戦争の悲哀はいまも昔も変わりなくとて涕泣《ていきゅう》禁ぜざるものあり。

かつての同志、大垣藩兵の記述は胸を打つ。この日官軍に提出した会津軍の武器は、

一大砲　五十挺
一小銃　二千八百四十五挺
一胴乱　十八箱
一小銃弾薬　二十三万発
一槍　千三百二十筋
一長刀　八十一振

城中の人員は次の四千九百五十六人であった。（『会津戊辰戦史』）

総人員
一治官士中　百六十人
一兵卒　六百四十六人
一兵隊士分　七百六十四人
一同士分以下　千六百九人
一他邦者　九十七人
一士中の僕　四十二人
一鳶《とび》の者　四十二人

一婦女子　　　　五百七十人
一病者　　　　　二百八十四人
一老幼　　　　　五百七十五人
一仕立所女中　　二十人
一若狭伯母付　　三十二人
一円隆院、誠慎院了、奥女中
　　　　　　　　二十五人
一下女　　　　　七人
一器械掛士中　　十五人
一役人　　　　　六十八人

「明日《あす》よりはいつこの誰かながむらんなれし大城にのこす月影」――男装して籠城し、類右衛門を感嘆させた砲術師範山本覚馬の妹である八重子は、二ノ丸の蔵にこのように大書して、城を出た。

籠城一ヵ月、会津藩はかくして敗れた。

先祖の伝器

類右衛門の日記にもどろう。

十月二日―

諸隊残らず田島出起《しゅったつ》。道路雪どけ、泥雪混じりて歩行はなはだ難《むずか》し。かつ日暮れ、溝壑《こうかく》（谷間）へ転びし、あるいは行潦《こうりょう》（たまり水）に滑り入り、ようやくにして大内村に着き、空舎に宿し、枯木を集め、火を焚いて粮食して、夜を明かす。

同三日―

大内峠を越え福永村へ一宿す。この村に米藩《べいはん》（米沢）出張して砲、槍、弾薬及び胴乱等すべて所持の器械相納むべく命あり。余が槍もこのときに納む。

同四日―

米藩兵隊前後三十人位ずつわが隊の人員五百有余人を列次し、その前後を砲器を持し、相固め護送し、下荒井村にて昼食し、未《ひつじ》の下刻（午後三時）ごろ、塩川村へ着す。わが隊塩川、浜崎両村へ分宿す。余は浜崎村桶屋平助宅へ止宿す。同宿は六人なり。天朝より御賄《おんまかない》下さる。一人前につき白米四合五勺に銭百文ずつなり。今晩大小相納むべくの命あり。

同五日―

目黒順之助、余が宿札を見、訪ね参る。同人いう。北原御隠居様をはじめ御家族、上田谷地村地頭源之助宅へ御止宿。ただ大和様は芦ノ牧病院に御湯治なりという。午後、母ならびに娘サタ訪ね参り、互いにまず無事を賀し、大悦《たいえつ》限りなし。家内、郡山新村卯之吉宅へ御割りつけになり、御扶助米下され候趣《おもむき》につき、まず安堵。今夜一宿し帰る。

類右衛門は、主人の北原家の人々が無事であることを知り、さらに母と娘に会い、大悦限りなく、涙を流して喜んだ様子を率直に書き記している。

同六日—
御隠居様伺わんとして上田谷地へ参り御家族方へ御目にかかり、御酒下され、夜に入り帰宿す。

浜崎村に謹慎する類右衛門の行動は比較的、自由だったことが分かる。

同七日—
母伺わんとして郡山新村へ訪ね行きしに家内皆無事、種々物語り、一宿して帰る。
同十九日—
宰相公東京へ御発駕。
同二十一日—
母伺いに郡山新村へ行きけるに家族、八月二十三日家立ち退きの砌《みぎり》、左の品を携帯して出でたり。よっていま世に残れり。
一、荒川家代々の御法名書
ただし北原家御霊号あり。梅二君（父）の筆也。

一、刀一刀
ただしこれは、先祖荒川伊豆守、川中島合戦に帯びたる刀なりといい伝わる。葵貞次の折り紙ついてあり。母これを帯び出で後、勝方村伝三郎宅へ頼み、土中へ埋め置きし由、敵に奪われんがためなり。この一刀の残りしは幸なり。

一、印籠一個
ただし左一山の作。根付けの風竹同人の作。文字の彫りは庄田譫斎なり。これは父梅二君、俳諧点判を収め、会ごとに携えんためにつくらせる御自愛有りし品物なり。われ薬籠となして母君熊胆《くまのい》の入れしを知りて、児子《ちご》どもの腹痛の予防に備えて持ち出されたり。このほか先祖よりの伝器残らず八月二十五日の兵火の煙となりたるなり。

母はこれらの品を伝三郎宅の畑に埋めておき、掘り起こしてきたのである。母の機転で助かった品々を眺めながら、類右衛門は、これからの暮らしに思いをはせる。

二十八日には上田谷地に主人の家族を見舞い、十一月一日には若主人の北原大和を塩川に伺い、物語りして帰宿している。類右衛門は主人や家族に対して、あくまでも律儀であり、片時も忘れることはない。

十一月十三日―
米藩より塩川、浜崎両村の御人数へ寒さしのぎとして酒を与う。

同十五日―
今日、ミヨ（妻）サタ（長女）参る。
北原奥様、山口庄助妻を召し連れ御訪ねによる。
同二十九日―
十二月一日―
北原寅彦様、前川桃斎、親切に一重一瓢《いちじゅういっぴょう》（折り詰めと酒）を携えて訪ね参り、古の物語等をなし気をまぎらす。
同七日―
今日、わが隊松本善十郎不行跡の儀これあり、寺において押し込めらる。
同二十日―
このごろ百姓ども旧の恨みありと称し、相こぞって毎夜、肝煎《きもいり》の居宅を打ち破り、あるいは頽《くず》し、あるいは火を放ち、その声天に響き焔は天に耀き、騒動多し事数夜なり。

会津近郊に大規模な一揆が起こった。これは〝ヤーヤー一揆〟と呼ばれるもので、農夫たちは手に手に竹槍や鎌、鉈《なた》などを持って村役人や商人を襲い、世直しを要求した。要求の主なものは村役人の公正な選出、年貢の適正化、労役の撤廃などで、新政府を大きくゆさぶった。
類右衛門は時代が大きく変わりつつあることを、この一揆で知った。

同二十五日—
母伺いとして酒持参、一宿して寛々《かんかん》（ゆっくり）物語して帰宿す。
同二十八日—
農町兵、陪従（つきそい）の者、猪苗代ならびに塩川、浜崎両村に謹慎罷りあり候者ども百人余、このたび御暇下され候間、本業に立ち返り、面々産業を相励むべく御手当として天朝より金二分、御家より金一両二分下され候事。

農町兵やつけ人は、官軍ならびに会津藩から下賜金を受け、それぞれ帰郷が許された。ヤーヤー一揆の影響もあるのだろうか。残るは家臣たちである。いつ、どのような形で処分が決まるのか。類右衛門らの焦りは深まる。

同二十九日—
今日、歳暮につき宿本亭主、酒肴を備え、ていねいに饗応す。各酌《しゃく》をし、新年を迎う。
類右衛門の日記元の部はここで終わっている。このころの会津人の心情は、日々断腸であった。類右衛門の脳裏に浮かぶのも、君公の姿であり、家族の安否であった。

第五章

越後高田での謹慎

▶降伏直後の会津鶴ヶ城

娘の涙

明治二年新春。奥羽越の戦いは終わり、薩長政権は、明治新政府へと変貌していく。薩長に土佐・佐賀を加えた連合政権である。この状況のなかで、旧会津藩士たちは、依然として近郊の村々に捕らわれていた。

正月元日、類右衛門は「宿の平助、酢豆、鰊《にしん》および煮しめなどを出し、酒をすすめ饗応す。去年に事変わり、かかる民家に図らずも新年を迎え、実に上の御身を恐察し奉り、また面々の家族を思い、一同、歎息に堪えず」と記した。類右衛門はここからの日記に亨《こう》という題をつけた。

正月二日―

母のもとへ忍び行き、まず新年を賀《が》す。

同五日―

今般、塩川、浜崎御人数は、越後高田榊原《さかきばら》侯、猪苗代は東京表真田《さなだ》侯へ御預け仰せつけられ候旨申し渡さる。わが出起《しゅったつ》は当九日と相定まりたり。右につき、母の方へ暇《いとま》ごいのため今夜参り右の次第、物語しに、母の名ごりはいうに及ばず、家族の別れ、実に涙の袖を絞りける。さりとて忠孝二つにならずば慰めさとし、終夜、酒を酌み交わしければ、鶏声は乱れ、夜明けなんとすれば、暇を告げ、別れを惜しみて起き出《い》でけり。

遠く越後高田への幽閉が決まったのだ。再び家族との別れである。涙を流す母と妻子、類右衛門の胸は張り裂けるように痛む。

同六日─
上田谷地、御隠居様（主人北原采女《うねめ》）へ御暇ごいの伺いとして、出で候ところ、御家内残らず御留守。宿の者に聞けば、昨日よりいずれへ御出に相成りしや相分からず趣き、残念ながら帰宿す。その夜、大和君（若主人）を伺いとして出で候ところ、これもいずれへお出でか分からず、歎息して退く。

出発まであと三日、類右衛門は別れの挨拶のため駆け回る。このとき、近郊の村々に何人の会津藩士が謹慎していたのか。類右衛門の日誌や『会津若松史』『高田市史』（上越市）などをつなぎ合わせると、猪苗代組が約二千九百人、塩川・浜崎組は約千七百人、合わせて四千六百余人と推定される。

出発の前日になって、類右衛門は若主人北原大和の脱走を知る。北原大和は山崎主計、日向藤九郎、春日和泉、北原半助らとしめし合わせ、仙台湾寒風沢《さぶさわ》に停泊する榎本武揚の旧幕府艦隊に加わるべく、脱出したというのである。仙台には西郷頼母、永岡久茂、小野権之丞ら会津藩重臣がいる。

「是非もなき次第に候こと」と類右衛門は書き残している。

類右衛門出起の知らせに親戚・知人が餞別や酒を持って駆けつけた。越後までの道中は、手縄をつけ、越後高田に着けば切腹になるという噂が広まり、皆、心配顔である。

正月九日、いよいよ出起――。類右衛門たちは第三便で、第一便は正月五日、第二便は七日に出起していた。

宿の主人平助は実に親切な男で、朝早く起きて酒肴を用意して皆に振る舞った。集合場所の浜崎村阿弥陀寺に行くと、菅笠一つ、むしろ一枚、金一両が手渡された。そこへ宿の主人平助が重箱に餅を入れて駆けつけた。本当にありがたい。

越前藩兵百人ほどが前後を固め出起した。母にこれ以上悲しませたくないので、家族の見送りは長女のサタだけである。そのサタが突然泣き出し、類右衛門も胸が詰まり、思わず目頭をこする。

「出起八ッ半（午後三時）過ぎ。雪降り、寒し。旧会婦女子道筋に出ること夥《おお》し」――この日は坂《ばん》下《げ》まで行き、ここに泊まり、翌日から越後を目指して雪中行軍である。

類右衛門らは野尻、津川と越後街道を歩き、水原《すいばら》から五泉を南下、十三日かけて高田に着いたことになる。途中、酒も出て、警護に当たった越前藩士の思いやりがしのばれる。高田ではじめての夕食も海のもの山のものが並び、高田藩の温かい気配りが感じられる。

冬の長旅であった。類右衛門らは疲労困憊であったろうが、心づくしの夕食のあと風呂にはいる。湯舟に身体を伸ばすと、脳裏に家族のことが浮かぶ。皆、感無量の面持ちで、遠く会津のことを思った。

さて類右衛門の日記では、この第三便で全員が高田に到着したことになっている。ところが高田には第六便まであったとする資料がある。

高田図書館蔵の『榊原文書』で、ここには正月十七日着、二百六十三人。正月十九日着、三百三十四人。正月二十一日着、三百三十三人。正月二十三日着、二百五十四人。正月二十五日着、二百三十三人。正月二十七日着、三百二十八人の計六便、千七百四十五人とある。

どちらが正しいのかは、さらに検証を要するが、ともあれ類右衛門らはここで箱膳一式・汁椀一個・蓋付茶碗一個・皿二枚・茶飲み茶碗一個・椀ふき・箸・下駄・蒲団・敷蒲団・枕などを支給される。さらに十人単位に箱火鉢四個・炭取り一つ・土瓶二個・提灯二張り・椀洗い桶一個・たらい一個が配られる。

高田藩榊原侯は三河以来の譜代大名で、あくまで佐幕を貫いた藩士もいた。八十数人が神木隊を結成、彰義隊に加わって戦い、二十人ほどが会津まで応援に出かけている。

このため懲罰の意味あいもあって、会津人の受け入れを命じられた。それだけに会津藩に同情する気風があり、町の人々も好意的で、類右衛門が高田に到着した日は、沿道黒山の人だった。

御用局・御勘定所など旧会津藩高田役所も設けられ、いよいよ高田での新しい生活が始まる。

問題は大雪である。会津若松も冬は連日雪に閉ざされ、十二月から三月までの四ヵ月間、厳しい生活を強いられるが、いったん銀世界になると、意外に暖かく、それほど雪に苦しむことはなかった。それに比べると越後の雪は生易しいものではなさそうだった。

鈴木牧之《ぼくし》の『北越雪譜』（天保七年）の一節、雪蟄《ゆきごもり》に「およそ雪九月末より降り始めて雪中に春を迎え、正二の月は雪なお深し。三、四の月にいたりて次第にとけ、五月に至って雪まったく消えて夏道となる。年の寒暖によりて遅速あり、四、五月にいたれば春の花ども一時にひらく。されば雪中にあることおよそ八ヵ月」とあり、会津人たちの心配は一層つのった。

高田は定期的に大雪に見舞われ、古い記録では寛文五年（一六六五）の十二月下旬。一丈四尺（約四メートル十二センチ）の積雪があり、大地震にも見舞われて城も人家も倒壊した。天和元年（一六八一）十一月下旬の大雪も記録的で、人家がことごとく雪に埋まり、「この下に高田あり」という高札《こうさつ》が立ったほどだった。その傍らに次の一首があったというのは少々できすぎている。

諸国まで高く聞こえし高田さへ
　いま来て見れば低くなりけり

高田城の大手門には雪竿が立っており、それが降雪の目安になっていた。別名丈杭《たけくい》ともいい高さ一丈（三メートル）、五寸角の柱である。積雪が一丈を越すとこの丈杭では足りなくなり、五尺ほどつぎ足すことになっていた。

その後の記録では、寛延二年（一七四九）正月の一丈六尺、文化十一年（一八一四）の一丈五尺、天保十二年（一八四一）にも丈杭をつぎ足す大雪があった。

果たして今年はどうなるか。類右衛門らは鉛色の空を見あげて心配したが、幸いなことに暖冬で、十二月、一月はさしたる大雪も降らない。いささか残念な気もしたが、ほっと胸をなでおろし、高田の風雅にひたることができた。

風流の日々

このころ、旧会津藩士は、会津降人《こうじん》と呼ばれた。文字通り罪人という意味である。高田の会津降人たちは一ヵ月ほどして、約四十人単位で領内の各寺院に分散収容される。分散しても危険はない、と判断されたためだろう。高田における旧会津藩の責任者は、家老の上田学太輔で、若年寄の萱野右兵衛、外交方の南摩綱紀《つなのり》が補佐した。

首脳部は寺町の本願寺別院、類右衛門らは高安寺に移った。

十九日からは自炊生活をすることになり、米桶、汁桶、片手桶、水桶、味噌桶、俎《まないた》、手提げ、包丁、ザル、擂鉢、擂粉木、火箱、大鍋、一斗鍋、五升鍋、風呂など、さまざまな生活用具が支給された。

また手当は会津側の負担ということで男一人、女一人の小使いも来てくれた。会津への手紙も許され、類右衛門は、早速、第一報を妻のもとに送った。

生活費として、一人一日五合の白米と、若干の小遣い銭も支給され、特にひもじいことはない。そのせいか、二月末から三月上旬にかけての日記は、日々、歌道や茶道のことで埋め尽くされる。

二月二十日―
今日より高橋常道先生を師とし、歌道相始む。わが隊にては高木源次郎、渡部多門、渡部彦太、荒川類右衛門なり。
同二十五日―
梅花《ばいか》は四、五日前散り、椿、桜、桃花《とうか》盛んなり。

この日から茶道教室も開かれ、類右衛門が教授に推された。弟子は高田庄作ら九人。茶人、歌人である類右衛門は、久しぶりに優雅な世界にひたることになる。
二十九日には茶会が催され、類右衛門も茶を立て、弟子の手前も披露した。

三月一日　長楽寺へ参り茶道。
同　二日　天林寺へ茶に招かる。
同　三日　節句につき茶の湯催し候。
同十二日　長楽寺より釜掛け候につき御出《おいで》をこうとの書状来たる。終日、互いに茶を点じて帰る。
同十五日　番局にて書画会催し、招かれる。終わって小宴を開きたり。
同十九日　長楽寺で茶に招かれ、茶の門弟を連れ参り、互いに点じて帰る。

同二十二日　長楽寺へ茶会に招かる。

類右衛門に各寺院から茶会の招待があり、忙しく動き回っていることが分かる。

明治新政府は、会津人を犯罪者として扱ったが、このような待遇をした高田藩の配慮を忘れることはできない。高田藩は明治二年だけで会津人のために四万七千両を負担している。台所は火の車になり、再三再四、政府に財政援助を求めている。

四月に入ると、類右衛門が所属する進撃隊に人事異動があり、隊長に田中八郎兵衛が新たに選ばれ、類右衛門は士官のなかで三番の席次に昇格した。

このころ東京、会津若松からの便りで、主君容保、喜徳親子も御機嫌よく過ごされ、会津表では婦女子七歳以上に一人白米五合に銭二百文、それ以下にも白米三合、銭二百文が支給されていることを知って胸をなでおろす一幕もあった。

また家老上田学大輔の命で、会津藩学問所が開設された。会津藩の優れた特性は、いつも真っ先に、学問所を開くことにあった。高田の学問所は、南摩綱紀を講師とする漢学所で、類右衛門ら三十名ほどが午前は大学、午後は詩経を学んだ。

講師の南摩綱紀は、会津藩校日新館から江戸昌平校に入り、そこで経史《けいし》（四書、五経、史学）を修め、八年間、助教を務めた。その後、大坂に出て緒方洪庵について洋学も学び、文久二年（一八六二）には蝦夷地（北海道）に渡り、会津藩の預かり地を治めた多彩な経歴の持ち主である。号は羽峯《うほう》。文政六年（一八二三）生まれなので、数えで四十七歳になる。武芸も弓・剣術・

槍・馬術・柔術ともに免許皆伝の腕前で、その名は奥羽越に響いていた。

高田藩の儒者や和算家、文人も引きもきらず南摩を訪ねて漢詩、漢文を語り、たちまち一大学問所の様相を呈した。

南摩は、会津藩が陸奥《むつ》の地に斗南《となみ》藩の再興を許されたのちも高田にとどまり、正心学舎を開設、上越地方の人材育成に当たり、多くの足跡を残すことになる。会津藩学問所は毎日開かれ、類右衛門も出勤して学問に励んだ。

日々槍を携えて、戦いに明け暮れ、敵と渡り合ったことが、はるか遠い昔のように思われた。

五月十二日―

会津表宿元より書状達す。皆々無事にて今まで郡山新村卯之吉宅の賄いに相成りおり候ところ、このたび同村肝煎の小屋を借り移り、自炊に致し候……。

同十七日―

蝦夷行きの者の婦女子、このたび東京へ差し登され、かつまた会津表御薬園《おやくえん》において姫君御誕生、御名、照君様より厚姫《あつひめ》様と進ぜられ候旨、隊長お呼び出しにて仰せ渡さる。

五月に入って、続けざまに朗報が届いた。会津若松の家族も小屋を借りて自炊するまでになり、大いに安心したこと。蝦夷地の開拓に行く者が決まり、近々、その地に渡ること。さらに主君容保にはじめて実子厚姫が誕生したこと。こうした知らせに、類右衛門らは胸を躍らせた。

特に蝦夷地の開拓は、会津降人が罪を許され、明治の社会に船出することを意味する。会津藩再興の日近し、人々は密かにそのことを語り合った。

若君誕生

ここで東京表のようすを見ることにしよう。東京の会津降人は、当初、信州松代藩真田家お預けということだったが、松代藩が財政上の理由でこれを断り、次のように分散収容された。

飯田町元火消屋敷	三百三十人
小川町講武所	七百人
松平豊前守元屋敷	七百人
神田橋門外騎兵屋敷	二百五十人
護国寺	三百十四人
芝増上寺	三百五十人
一橋門内御番屋	二百五十人

主君容保は鳥取藩池田家の江戸屋敷、世子喜徳は久留米藩有馬家の江戸屋敷への幽閉である。いずこも監視つきの謹慎所。当初、池田家には梶原平馬、山川浩《ひろし》（大蔵を改名）、手代木直右衛門ら会津藩首脳も謹慎したが、戊辰戦争の最中、薩摩に捕らわれていた外交方の重臣広沢安任《やすとう》

が釈放されるに及んで行動も自由になり、梶原・山川・広沢らの間で、密かに会津藩再興が画策された。梶原らは広沢を通じて大久保利通、木戸孝允ら明治新政府首脳と接触、飯田町火消屋敷跡に旧会津藩事務所の開設にこぎつけた。

シナリオは、主君容保に代わって上席家老の萱野権兵衛《かやのごんべえ》が切腹、会津藩の罪を謝し、蝦夷地への移住と陸奥の国での御家再興を願うもので、会津藩にとって、まことに辛い選択であった。

六月二日、類右衛門は旧家老萱野権兵衛の切腹を知った。「去る月十七日、首謀萱野権兵衛殿、切腹仰せつけられ候」―類右衛門は権兵衛の遺族を思い歎泣した。

会津戦争時の会津藩最高首脳は、政務が梶原平馬、軍務が山川浩の若手重臣だったが、年配者の萱野権兵衛があえて責任を取ることで、会津藩の人材が失われることを防いだのである。主君容保の義姉照姫《てるひめ》が権兵衛に贈った見舞状がある。

このたびの儀、誠に恐れ入り候次第、まったく御二方様（容保・善徳）御身代わりとなり、自分においてもなんとも申し候様これなく、気の毒、言語絶し惜しみ候事に存じ候。

権兵衛殿へ

夢うつつ思ひも分かず惜しむぞよ

まことある名は世に残るとも

本来、責任は容保にある、とする照姫の見舞状は異例のものである。照姫は婦女子を率いて戦った勝ち気な女性だけに、一層重みのある書状だった。

権兵衛の自刃で会津藩の謝罪は終わり、旧会津藩東京事務所は、会津藩再興に向けて活発な政治運動を展開していく。こうしたおり、またとない朗報が入った。主君容保の男子誕生である。

六月十八日―

今日、隊長御呼び出しに候ところ、当月三日、会津表御薬園において、若殿御誕生遊ばされ、ますます御機嫌よく御座遊ばされ候旨、仰せ聞けられ候。

類右衛門は若君誕生の喜びを記した。

主君容保は二十一歳のとき、先代藩主容敬《かたたか》の息女敏姫と結婚した。しかし敏姫は十三歳の少女である。夫婦の営みも持てず、痘瘡《とうそう》を病んでからは床に臥すことが多く、文久三年（一八六三）十月、風邪をこじらせて逝去した。十九歳であった。その後、加賀前田家の息女礼姫との縁談の話があったが、京都守護職就任などで立ち消えとなり、京都時代の後半からは側室が容保の身辺を世話してきた。

籠城時には川村名賀《なか》二十四歳、田代佐久《さく》二十一歳の二人の側室がいて、二人とも懐妊、先に名賀が女子を出産、今回、佐久が男子を生んだのである。幼名慶三郎《けいざぶろう》。実子の誕生は、会津藩再興にはずみをつける。そのきっかけとなったのは、類右衛門の日記にも出てくる蝦夷地への移住である。

再興への期待

明治新政府は箱館戦争が終わると、佐賀前藩主鍋島直正を開拓長官に任命、開拓使庁を芝増上寺においた。奇しくも会津降人の収容先と一緒である。蝦夷地が北海道と名を改めるのは、この年の八月になってからだが、開拓使の方針は北海道・樺太を新政府が全部統括するのではなく、開拓を願い出た諸藩に分割支配させることだった。

旧会津藩首脳は、この話に飛びついた。これを突破口として、御家再興を目論んだのである。しかしあと一歩まで進みながら、御家再興は遅々として進まなかった。旧会津藩に対する新政府部内の反目は依然として強く、会津藩を再興させた場合、再び新政府に対立する集団になるのではないか、という恐れを抱いたためである。旧会津藩士は悶々とした日々を過ごす。

悪いときには悪いことが重なる。高田の会津人の間に脚気《かつけ》病あるいは腫病《はれびよう》が流行し、七十人余が病死した。「拙者湿気にて難儀、学問所欠勤す」類右衛門も病《やまい》に侵され、倦怠感に悩まされる。

脚気は脚がはれたり、くびれたり、痙攣《けいれん》を起こして自由に動けなくなる病で、ビタミンB1の欠乏症である。当時は原因が分からず、夏になると、いたるところで流行した。類右衛門も手足が痛み、歩行が困難になった。

腫病は腫瘍《しゆよう》である。当時はこぶ・はれものともいい、良性と悪性の二つがあった。悪性は癌、肉腫《にくしゅ》などで、完治は困難になる。類右衛門の記述は、医師の診察に基づいたものと思われるが、男の自炊生活で栄養が十分に摂れなかったことが、病人続出につながったに違いない。

このころ、謹慎中の全藩士に戊辰戦争中の行動と戦死者について見聞したこと、死者の行状、一言一行、戦死した月日とその模様、家族構成、年齢などを記述して提出するよう指示があり、類右衛門は自分の家系、進撃隊に加わったいきさつと、目撃した戦死者の模様を書き留めた。こうした記述を集大成してできあがったのが『会津戊辰戦史』である。

八月三日、新たな達しがあった。

「当初御預けの御人数のうち、蝦夷地相望み候者、申し出候」と布告があったのである。類右衛門の隊からは田崎繁三郎、鹿目幸之助、橋本猪之太、斎藤市太郎、山内英助の五人が志願した。蝦夷地移住希望者の受け入れ開始で、高田謹慎所にもようやく動きが出てきたが、蝦夷地では暮らしが立たないと脱走する者が再び目立つようになった。

同月六日の日記には、脱走者として宝田勇八、榊原健次郎の名が見える。健次郎は元幕兵。これで高田からの脱走者は百人余になった。脱走者は郷里の会津若松、あるいは東京を目指した者が多いが、旅費にこと欠き、途中から舞いもどった人も何人かいる。

同十二日、家族から手紙が来た。この手紙で家族は会津若松の町内に移り、会津若松県が誕生したことを知る。

同十五日は十五夜である。歌合わせの会があり、渡部多門、渡部彦太らが月見として一樽持参、大いに語り合った。十八日からは南摩先生の会が始まり、類右衛門も出席した。

二十三日は薩長軍が会津に攻め入って、ちょうど一年である。「雨降り、昨年の今月今日の面影を目前に見るごとく、一同懐旧をなし、酒を催し候事」―一年前と同じようにこの日も雨降りで、類右衛門らは万感胸に迫り、酒を酌み交わすのだった。

この日、旧幕府兵、鹿町兵は赦免する旨の布告があり、回状が回された。しかし、このころになっても会津藩兵の脱走は止まらず、「脱走人数、多くあり候につき、高田藩目付、下宿々々相巡り、一人別ごとに相改め候事」といった記事があり、東京から脱走した三人が捕らえられ、斬首されたことなど、緊張の場面も記されている。

同二十八日―

昨年本月本日、わが隊討死の一周忌につき、吊祭《ちょうさい》を施行す。まず観音堂の正面へ、唐紙全紙へ討死の姓名を書し掲げ、仏壇を設け、供物を供し、僧侶五人を雇い、読経を施し、餓鬼供養する。終わって一統、席順をもって焼香する。また隊長、甲長より隊下一統へ酒を出して、今日を慰労す。

吊祭の吊は弔《とむら》うの俗字である。したがって吊祭は弔祭、死者をいたむ霊祭である。各隊ごとにこのような祭事を行っていたようで、のちに隊ごとの戦死者の名簿を集め、明治四十四年に『会津藩戦死殉難者人名録』を出している。この日、類右衛門は次の歌を詠んだ。

後《おく》れじと共《とも》にきそひし白つゆに
きえのこりてぞ袖ぬらしけり

九月七日、会津から手紙が来て、家族に変わりがないことを知った。これがなによりも嬉しい。十三日には、飯盛山で自刃した白虎隊十五人の名前が送られてきた。八月二十三日の戦闘で自刃したのは、安達藤三郎、有賀織之助、池上新太郎、石田和助、伊藤悌次郎、石山虎之助、伊藤俊彦、井深茂太郎、篠田儀三郎、鈴木源吉、津川喜代美、津田捨蔵、永瀬雄次、西川勝太郎、野村駒四郎、林八十治、間瀬源七郎、簗瀬勝三郎、簗瀬武治の十九人だが、高田へは十五人と伝わった。前途ある少年の死に、皆、暗然たる面持ちである。

九月二十七日に類右衛門は甲士一番に昇格、隊長から会津藩再興の日も近いので旅金をためるよう指示があった。隊員一同、妻子に会える日を夢見るようになる。十月六日、隊長から全員に呼び出しがあり、会津藩に家名再興の許しが出たことを知る。

松平容保儀、先般城地召しあげられ、父子永預け仰せつけられ候ところ、深き叡慮《えいりよ》をもって今度、家名立て下され候間、血脈の者、相選び、願い出るべき候事

明治二年九月

太政官

〝血脈の者をもって家名再興を願い出よ〟という太政官布告に、類右衛門は感涙にむせんだ。会津は決して朝敵にあらずとする自負はあったが、無残な敗戦と一年に及ぶ謹慎生活である。身も心も疲れはて、一日も早いお家再興を念じていただけに、今回の布告は飛びあがるほど嬉しいものだった。

第六章 会津藩再興

▶陸奥湾に入港したヤンシー号（青森県大間町・会津斗南資料館蔵）

陸奥三万石

太政官から家名再興を許された旧会津藩首脳は、梶原平馬、山川浩名で、藩祖保科正之の生家で飯野藩保科家を通じ、太政官に家名再興を願い出た。

願い奉り候覚

松平慶三郎

当歳（一歳）

松平容保儀、先般、城地召しあげられ、父子永預け仰せつけ置かれ候ところ、深き叡慮をもって今度、家名御立て下し置かれ候につき、血脈の者、相選び願い奉り候様、仰せ出でられ、ありがたく畏《おそ》れ入り奉り候。これによって容保実子慶三郎、当歳にて幼弱には御座候えども、この者へ家名仰せつけ下し置かれ候様、私ども一同懇願仕り候。この段、よろしく御執達下されたく願い奉り候　以上

明治二年十月

元松平容保家来
総代　山川　浩

梶原平馬

飯野藩御重役中

領地は陸奥国《むつのくに》旧南部藩の地、石高は三万石である。喜びのあまり町へ繰り出し、遊郭に遊ぶ者もいて「はなはだもって、いかがなる儀」と類右衛門が憂える場面もあった。しかし騒ぎも間もなくおさまり、高田に駐在する旧会津藩士たちの身の振り方は、選挙で選ばれた議員で構成する議事院でその任に当たることになった。

十月九日に投票があった。

三沢与八、出羽左太郎、新城平五郎

右の者議員に仰せつけられて然るべしと存じ奉り候　以上

荒川類右衛門印

類右衛門は署名捺印して三沢、出羽、新城の三人に投票した。議事院がどのような機関で、どのような働きをしたのかを記す資料は見当たらない。今後の研究に待つところ大だが、門閥色の強い旧会津藩にしては、大幅な改革であった。早速帰郷の準備が始まった。

十一月二十日には家族名を出すように達しがあり、類右衛門は次のように書いた。

進撃隊席御供番　荒川類右衛門　三十八歳
妻　ミヨ　三十二歳
長男　秀太郎　九歳
二男　乙次郎　六歳
三男　乙三郎　三歳
長女　サタ　十三歳
二女　キチ　十一歳
母　カヨ　五十九歳
合八人　内男四人、女四人
右の通り家内有人数相違御座なく候　以上

荒川類右衛門
御用局御中

会津への帰郷は来春雪どけ後、という噂が流れる最中も、会津降人たちの勉学は続けられた。類右衛門は講師である。十二月四日から夜学も始まった。

同二十二日には一丈も降り積もった豪雪のなか、会津から農民代表が駆けつけ、類右衛門らを驚かせた。

会津百姓ども相挙《あ》げて上様ぜひ旧会津へ御帰復に相成り候様歎願のため西京、東京、加州、紀州、尾張など 国へ五百人ほど発足致し候由、当高田表へも七人参り、上田太夫へ面謁致し、今日、加州へ発足致し候

陸奥国での御家再興に対し、会津の県民たちが異議をとなえ、大挙、陳情に及んだというのである。このころ、旧会津藩首脳のなかで陸奥の南部領移住をめぐって大激論が交わされていた。陸奥移住に猛反対したのは会津若松在住の旧藩士たちで、農民の動きと前後して上京、在京の重臣と対峙した。

梶原、山川、広沢ら在京組は、「新政府は会津帰復など考えていない。あくまで会津を主張すれば、主君の生命が危うい」と説得したが、会津表の原田対馬、町野主水《もんど》らは頑として譲らない。在京の永岡久茂が腹を立て、「会津表の主張は無茶だ」と大喝《だいかつ》した。

「無茶とはなんだ」

「無茶だから無茶だ」

町野主水と永岡久茂の口論となり、抜刀する騒ぎになった。農民の大挙動員は、こうした背景によるものだったが、会津での御家再興は新政府からは一蹴されており、それはかなわぬ夢であった。

こうした騒ぎをよそに、高田では大晦日を迎えた。類右衛門のもとには門人から多くの歳暮があり、類右衛門もいささか答礼をした。また、高田侯から御酒が下され、局々で年越しの宴を催した。

行く年を惜しむこころもなかりけり
　まだきぬ春を待つ身なりせば

類右衛門はこのように詠んで、明治二年に別れを告げた。

明治三年（一八七〇）元旦。局で祝盃の宴を催し、翌日は年始回りである。類右衛門は各局を回り、酒を馳走になった。三日は節分。寺で豆撒きがあり、夜学の諸生に招かれ、酒を振る舞われた。

正月三日間は酒席が続いた。どの顔にも安堵の色が浮かび、ついつい酒の量も多くなる。

花咲かん若木の梅をたのみにて
　わが身も春にあふのみぞ待つ

長男秀太郎を思い、歌を詠んだ。十日から学問所の始業である。十五日からは南摩綱紀の講義が始まり、翌二月十一日からは、禁止されていた剣術の稽古も解禁になった。陸奥移住に備えての体力強化である。

松平容保元家来千五百八十二人、かねて謹慎申しつけ、その藩へ預け置き候ところ、今般差し免《ゆる》され候。ゆえに松平慶三郎へ引き渡すべく候事

二月　　兵部省

高田藩にも兵部省から達しがあり、晴れて赦免である。類右衛門らの身にも、実に一年三ヵ月ぶりに自由が訪れた。

三月になると東京表、会津表、高田表の間でひんぱんに文書が交わされ、移住についてのつめの作業が行われるようになる。しかし浮かれて羽目をはずす行為が生じ、新政府に睨まれては困ると若年寄萱野右兵衛名で注意事項が伝達された。

このたび謹慎が解け、明二十二日に大小を渡すが、主君容保、喜徳父子はいまだ幽閉の身である。故にいささかでも粗暴の振る舞いがあれば、主君の身にどのような迷惑がかかるか分からない。万が一、反乱など起こそうものなら御家再興はご破算になる、という厳しいお達しである。

新しい藩名は斗南《となみ》藩と決まり、知事は幼君慶三郎、これを機に容大《かたはる》と改名したことも伝達された。斗南藩という名前は、中国の『晋書』天文志「相一星、在北斗南、相者、総領百司、而掌邦教、以佐帝王安邦国、集衆事也」、あるいは通説、中国の詩文「北斗以南皆帝州」から採ったものとされ、たとえ本州最北端の地にあっても、帝《みかど》の士民に変わりはないという意味だった。また

いつの日か南に帰って日本の中心になる、という悲願も込められていた。容大を補佐する首席家老、大参事には山川浩、家老に当たる少参事には広沢安任（富次郎）、永岡久茂（敬次郎）、倉沢平治右衛門（右兵衛）が選ばれ、旧会津藩の重臣原田対馬は、現地調査のため先発を命じられた。皆、名前を変えていた。山川の大参事就任は、門閥、若さ、行動力から見て衆目の一致するところだった。若年寄の倉沢平治右衛門、家老の原田対馬らの重役への起用も異議をさしはさむ余地はなかった。

奇異なのは、事実上の首席家老を務めた梶原平馬の名が見えないことだった。梶原は会津藩降伏に当たって、いっさいの責任は自分にあるとして、自刃する覚悟だったが、容保の強い説得で思いとどまり、会津藩再興を画策してきた。この間、上席家老の萱野権兵衛が身代わりになって自刃したこともあり、政治の表面から姿を消したものと思われた。

類右衛門にとって、こうした上層部の人事は雲の上のことだったが、広沢・永岡の少参事起用は新鮮で、高田でもひとしきり二人についての話がはずんだ。

至誠の人

広沢安任は天保元年（一八三〇）二月生まれなので、このとき四十歳である。下級武士の次男として会津城下に生まれた。少年時代から英才の誉れが高く、藩校日新館に通うかたわら、漢学者宗川茂の門をたたき、経史を学んだ。師から「国家経綸の器《うつわ》」と太鼓判を押され、二十九歳のとき江戸昌平校に入学、舎長を務めた。

　広沢がその名を響かせたのは会津藩公用人として活躍した京都時代で、佐久間象山・勝海舟・近藤勇・大久保利通・西郷隆盛ら広く各界の人物と交流、会津・薩摩同盟の結成や公卿との折衝に当たった。

　鳥羽伏見の戦いに敗れ、江戸に引きあげた広沢は、幕臣榎本武揚の屋敷にひそみながら戦争終結を目論み、単身薩長軍の大総督府に出頭、西郷隆盛に談判を求めたが、逆に捕らわれて投獄され、九死に一生を得て釈放された。

　薩摩に知人が多く、しかも会津戦争に加わっていないこと、文久二年（一八六二）に幕府外国奉行粕屋《かすや》筑後守《ちくごのかみ》の従者として箱館《はこだて》に渡り、ロシアとの国境交渉に当たった経験もあることなどを買われて、広沢は少参事起用となった。広沢の母が大参事山川浩の一族の出であることも、若干、その余得にあずかってはいたが、人格・識見・実績ともに申し分はなかった。

　永岡久茂も広沢と同じ宗川茂の門下生で、藩校日新館、江戸昌平校のエリートコースを歩んだ。天保十一年（一八四〇）の生まれなので三十歳。広沢より十歳若い。

　弁論に優れ、詩文の才能に富む熱血漢で、戊辰戦争では長岡藩の河井継之助《つぎのすけ》とともに越後で戦い、また奥羽越列藩同盟の参謀として仙台に駐在した。会津城下に敵侵入の知らせを聞いた永岡は仙台湾に来ていた榎本武揚の艦隊から旧幕府兵五十を譲り受け、会津に向かう。しかし、会津苦戦のときに旧幕府兵は一人二人と脱走し、会津に入ることができなかった。

移住命令

上層部の人事も決まり、類右衛門の身辺は一層慌ただしくなった。三月七日、会津表から家族の無事を知らせる書状が届いた。このなかに会津女性の恥ずべき行為についての記事があり、「旧会津婦人不埒《ふらち》の所行の儀、これあり。数人押し籠め仰せつけられ候趣、嘆息の至りに候」と書き留めた。不埒の所行というのは、なにを指すのか、具体的に書かれていない。盗みなどの類であろうか。こうした知らせははじめてのことであった。

四月十六日、南部領への移住命令が下った。第一便の出帆は四月十日である。

梶原平馬・山川浩ら斗南藩首脳が立案した輸送計画は、海路を主にしたものだった。新政府からアメリカの蒸気船ヤンシー号、千百八十七トンを借用、新潟から南部の地に向かうもので、第一陣は三百人である。

受つけ開始と同時に渡航の心得が告示された。

一、船中の賄いは御勘定所で取り計る。

一、持参する諸品は荷造りをし、五月十九日までに一ヵ所にまとめ、貫目、個数を届ける。

一、船は天朝よりの拝借物なので、不作法のないよう気をつける。

一、会津若松の家族は追って新潟より乗船する。
一、陸奥には住居がないため当分の間、町在に寄宿する。ついては炊事をはじめ万端、領民の厄介になるので、場所柄を心得、民心を失うことのないよう深く考え行動する。
一、父母対面、墓参り等を希望、会津若松に帰郷する者は船が着く前に帰着する。

第一便は帰国もままならぬ慌ただしさである。家族思いの類右衛門にとっては耐えがたいものだったようで帰国して家族に会い、先祖の墓参りをすませたあと、自力で陸奥の地に向かう旨を申告した。

こうした例もあったのだろう。類右衛門の申告は許可された。四月二十一日、夢にまで見た帰郷である。

「天気吉、今日、五ッ時（午前八時）出発す」。類右衛門は隊員たちに別れを告げ、鯨波《くじらなみ》、与板《よいた》、三条と会津への道を急ぐ。早く家族に会いたい。類右衛門の気はせく。夜、宿の窓からくっきり浮かぶ月を眺めると、妻の顔が思い出される。

さやけしな今宵ぞ共に月やみん
　心にかかる雲もなければ

妻に呼びかける歌をこのように詠んだ。

二十六日には、会津国境の津川に到着した。主人北原家に出入りしていた津川の商人、堺屋に立ち寄ったところ、餞別一両と菓子を贈られて感激、この日は下野尻に一泊し、二十七日午後、会津若松に着いた。

途中、何ヵ所か小舟に乗ったが、一週間、歩きづめの旅である。

拙者は足を痛め、大いに困難、ようやく上長丁、秋尾多作宅へ訪ね候ところ、二、三月前に四、五軒東、長坂惣次郎長屋へ引っ越し候由にて、案内致しくれ候につき、同道致す。よって母始め家内無恙《つつがなき》を互いに賀し、時刻は夜四ッ時（午後十時）ながら祝盃を傾く。

類右衛門は足の痛さも忘れて家族との再会を喜んだ。淡々としたなかにも、一家の主人を囲んで祝盃をあげる家族の喜びが、ひしと伝わってくる。

会津若松で斗南移住の準備に当たっていたのは、旧首席家老の梶原平馬であった。斗南藩の公職に就かなかった梶原は一足先に帰国、裏方に徹していたのである。

類右衛門は滝沢村に住む梶原に帰着の挨拶をすませたあと、知人の森川作左衛門方に行き、預けておいた先祖伝来の長刀貞次と関兼辻の脇差を受け取り、家族が住む長坂惣次郎の長屋を一軒一軒回って挨拶した。

文人である類右衛門の名はつとに知れ渡っており、長屋の人々から子弟に読み書きを授けてくれるよう頼まれ、早速、勉強会を始める忙しさであった。

五月五日には院内の松平家御廟《ごびょう》へ行き、歴代藩公の御霊墓を拝し、久しぶりに湯本へ行って入浴して帰った。六日には唐木伯父、岡部叔母を訪ね、機嫌を伺った。七日、梶原平馬宅に伺うと、東京表の財政が逼迫し、粉骨砕身、努力しているが、思うようにいかない旨の話があった。類右衛門は知人の間を駆け回って千両を調達、その旨を梶原に報告した。

五月十六日、移住掛りの鈴木市郎右衛門から呼び出しがあり、二十二日までに高田に帰着しない場合は、脱走として扱う旨の警告を受け、類右衛門は大いに驚いた。斗南の地に自費で行く旨の許可を得ていたからである。

まして母カヨが長い流浪の生活で、すっかり身体をこわし、感情が不安定になっている。医師の森川春斎のもとで治療に努めたが、一向にはかばかしくない。類右衛門の顔を見て安心したのだろうか。小康状態をたもっているが、とても長旅には耐えられず、出発の延期も願い出ていた。

荒川類右衛門母儀、長々、癇症《かんしょう》にて治療仕り、罷りあり候ところ、近頃、強発、時々卒倒人事不省、飲食進まず身体衰弱、至急に全快の様子相見え申さず候。森川春斎

このような診断書を添えての申告である。なにか事情が違ってきたのであろうか。類右衛門は困惑した。

この類右衛門の苦渋に、理解を示したのは梶原平馬である。五月二十九日付で、類右衛門を婦女付添道中並びに船中取締り御用職に抜擢、会津若松から新潟まで婦女子の移送を命じ、類右衛

門の家族に駕籠や背負人をつけることも認めた。これらの婦女子は、高田にいる旧藩士たちの家族である。

このとき同じ任務を拝命したのは、類右衛門のほかに伊藤左膳・武井永喜治・赤羽忠之助の三人で、類右衛門は梶原平馬より御用状を受け取り、感激した。

六月一日、「いよいよもって、六日の出起《しゅったつ》と相成り候につき、一類ならびに親しき方へ暇ごいに出ず」。公務による旅立ちなので、家族七人分の族費、昼食代八両二分、餞別十三両余を受け取った。類右衛門らが引率するのは二百五十人の婦女子で、五十人ずつ一組として五組を編制、一組に一人、取締りの者がつき、道中の世話をするのである。

婦女子の新潟移送には、きめ細かい配慮があり、越後街道ぞいの各駅には人馬も用意されていた。しかしながら、道中みだりにあたりを排徊、あるいは酒・好色・粗暴の振る舞いに及ぶ輩が出たときは切り捨てても構わぬ、という付添い役の一項も入っていた。

六月六日、類右衛門は家族とともに新潟への旅についた。七日町で移住婦女子をまとめ、さらに坂下でも加わり、当初の予定二百五十人には至らず、百六十三人の参加である。類右衛門は道中の模様を次のように書き記している。

六月十日、類右衛門は家族ともども無事、新潟に到着することができた。

ヤンシー号

ここで斗南移住の全体計画をのぞいて見よう。旧会津藩の斗南移住については、ごく大まかに知られている程度で、未知の部分が多い。一つの手がかりは昭和二十七年に刊行された笹沢魯洋の『下北半嶋史』（下北郷土会）である。このなかに海路を下った者の手記が出てくる。

六月七日、高田表出起、今町昼、同所昼致して乗船、直ちに八ッ頃出帆、同日暮合、新潟湊着、滞船す。八日、同所より荷物積み入れに相成り、九日婦女子乗船、同日八ッ頃同所出帆。同十日晩、陸奥北郡御支配所安渡《あんど》到着。十一日朝上陸、同所において昼食事。それより田名部町秋浜覚左衛門方へ下宿罷りあり。同十九日、向町宇八郎方止宿。

この手記によって、六月七日、高田表を出起した一団がいたことが分かる。

次に昭和四十一年に刊行された『会津若松史』（第五巻）では、会津若松市役所文書を資料として記述し、「高田組は倉沢平治右衛門が采配し、六月に千五百名が入植、東京の第一陣は四月十七日、品川出帆。二十日八戸上陸」としている。

昭和六十一年刊行の『むつ市史』（近代編）では「六月十九日に新潟港を出航した船団がある。船団は外輪蒸気船七隻で編制され、船には米一千七百俵が積み込まれ、移住者は船内に二泊して、

番号	入港月日	船名	国籍	船種	トン数	乗組員	出港月日
午1番	三・三	ネンフ	英国	蒸気	八一二	三〇	三・一五
〃2〃	三・九	アテナ	〃	帆走	四一一	一三	四・二六
〃3〃	三・二七	テーレス	〃	蒸気	七七四	五〇	四・四
〃4〃	四・五	カーチヨー	〃	帆走	三三七	一二	四・十
〃5〃	四・二二	シマールジスヨリ	仏国	〃	二八八	一八	五・三
〃6〃	五・七	テーレス	英国	蒸気	七七四	五〇	五・一一
〃7〃	五・七	アデリフヤー	孛国（プロシア）	帆走	二四〇	一一	六・八
〃8〃	五・七	エングル	和蘭	〃	二二二	一一	五・一五
〃9〃	五・二四	ヤンシー	米国	蒸気	一、一八七	六〇	五・二九
〃10〃	五・二四	エトヒンフハーセット	英国	帆走	三〇〇	五〇	六・二一
〃11〃	六・七	ヤンシー	米国	蒸気	一、一八七	六〇	六・九
〃12〃	六・十	ネンフ	英国	〃	八一二	五〇	六・一八
〃13〃	六・一六	ヤンシー	米国	〃	一、一八七	六〇	六・一九
〃14〃	七・六	ヲーコスト	〃	〃	二〇〇	二七	七・一七
〃15〃	七・七	サウスレント	英国	帆走	二七〇	一〇	七・二三
〃16〃	九・二	イストロンアイレス	〃	蒸気	六〇〇	三二	九・一八
〃17〃	九・九	ヤンシー	米国	〃	一、一八七	六〇	九・二四
〃18〃	十・一四	ヤンシー	〃	〃	一、一八七	五〇	十・一八
〃19〃	十・二四	ヤンシー	〃	〃	一、一八七	五〇	閏十・一
〃20〃	十・二七	コリンガ	英国	〃		四六	閏十・三

〔表1〕明治3年、新潟港外国船出入港調（『新潟開港百年史』より）

二十一日に野辺地《のへじ》に着いた」とあり、いずれも新潟からの移住は六月ということで一致している。

ところが、明治二年十月、業務開始の新潟運上所文書をまとめた『新潟開港百年史』（新潟市、昭和四十四年刊）では、五回にわたって運行したことになっている。

それによると、明治三年の外国船の出入状況は〔表1〕のようになっていた。このなかで会津人を運んだのはアメリカの商船ヤンシー号（千百八十七トン、乗組員六十人）で、〔表2〕のように六回入港しており、うち五回は陸奥に向かっている。

ヤンシー号が最初に入港したのは五月二十四日で、菓子・ビール・衣類などを下ろし、餅十石・パン三十九叺《かます》・酒三樽・米二千五百八十五俵・荷物百二十九個・会津人七百十八を乗せ、五日後の五月二十九日に出帆して

新潟港入港番号	○入港月日 ●出港月日	人員	物品
午9番	○五月二四日 ●五月二九日	七一八	荷物 一二九箇 米 二、五八五俵
午11番	○六月七日 ●六月九日	六二五	荷物 一、六四八箇 米 一、九六四俵
午13番	○六月一六日 ●六月一九日	一、六九二	荷物 二、〇〇〇箇 米 二、〇〇二俵
午17番	○九月九日 ●九月二四日	会津人なし	一般商品
午18番	○十月一四日 ●十月一八日	二、二八〇	荷物 二、四六九箇
午19番	○十月二四日 ●閏十月一日	二、二五六	荷物 二、七五七箇
	合計人数	七、五七一	

〔表2〕明治3年、ヤンシー号入港状況　（『新潟開港百年史』より）

いる。

第二回は六月七日入港、同九日出帆で、輸入品はなく、積み荷、乗客は旧会津藩関係のみで、米千九百六十四俵・パン五十二個・荷物千六百四十八個・人員六百二十五人を運んでいる。

第三便は六月十六日入港、同十九日出帆で、積み荷は柳行李四個・粮米三百八十三俵・パン二千斤・餅五石・米二千二俵・荷物二千個で、人員は大量千六百九十二人を数えた。以下第四便、第五便と続き、合計すると七千五百七十一人を運んでいる。航海中の日誌もいくつかあるが、船酔いで飯ものどを通らず、また便器から荒海が見え、恐ろしく便所にも行けなかったなどの記述がある。

新潟からの回航はこのような形で行われたとみて間違いない。このほかに東京からの移住者がいた。新潟ほどはっきりはしないが、東京謹慎組の総計は約三千人である。ここからは推計するしかないが、いったん帰郷して新潟から船に乗った人、あるいは陸路を希望した人もあるとみられるので、東京からの直行組は多くても二千人とみるのが妥当である。とすれば海路の総計は一万人弱になる。陸路は七千余人なので、海路が六割を占めたことになる。

陸奥への航行

類右衛門はヤンシー号の第三便、六月十九日出帆に乗船を命じられた。十七日に米の積み込みを行った。この朝、真城院の役所から呼び出しがあり、出かけると白山前の蔵から米を運び出せという。人夫を指揮し、七艘の船へ千七百俵積み入れ、沖の本船に運ぶ準備をした。新潟税関文書では、この第三便に積んだ米は二千二百俵とあり、類右衛門が運んだ数字を大きく上回る。どちらが正しいかといえば、やはり税関文書のほうで、類右衛門の日記はところによって見聞した概略を書いたと理解すべきだろう。

ここで一つ注意したいのは「七艘の船へ積み入れる」という記述である。七艘の船団で陸奥に向かう印象を与えるためで、この七艘というのは蔵から本船に米を運ぶ艀《はしけ》のことで、本船はあくまでヤンシー号一隻である。

十八日の朝、米を積んだ七艘の艀が沖の本船に横づけし米を積み入れた。

俵数を改め、異人に渡す。右相済み、船中にて昼の御賄いを食し、それより帰帆。しかるに風烈しく、海荒れ、大いに難儀。

類右衛門ははじめて海の恐ろしさを体験する。この夜、各寺院に待機する会津人に乗船の際の注意事項が伝達された。

船中乗り組にあたっては、前夜八ッ時（午前二時）に仕度し、当日朝七ッ時（午前四時）下宿を出発、未明には川口番所のあたりに集合し、それより艀一般に二十四、五人ずつ乗り、本船へ乗り組むべし、というのであった。

ただし病人は下宿前の堀から艀に乗せ、本船に向かうことが許された。荷物はいっさい前日に積み込み、当日は持ち込み禁止、船中の食事は餅とパンを支給する—といったことも伝達され、各組ごとに若干の移住手当が支給された。

翌十九日、いよいよ乗船である。

今朝七ッ時、一番より順々海浜へ繰出し、艀に乗り、蒸気に乗り入る。受け持ちの婦女子ならびに家内まで残らず乗り込み、取締り四人一同、後より乗り入る。婦女子、船に酔い大いに困難す。蒸気船は長さ七十間、幅三十間、船中の役員はアメリカ及び南京人なり。

前日来の強風のなか、ヤンシー号は出帆した。ここの記述は情景をよくとらえているが、船の大きさには、目測に誤りがあったようである。長さ七十間＝約百三十メートルというのも千トンの船にしては長すぎるし、幅三十間＝約五十四メートルというのもおかしい。これではまるでだるまのように幅広い形になる。米俵の数と同じように、計算の誤りといえよう。

さて船中取締りの類右衛門はこまめに動き回り、味噌や梅干を受け持ちの婦女子に手渡したり、主人北原大和の奥方の世話を焼くなど結構忙しい。夜になってやっと婦女子の世話から解放され、取締り一同、酒と焼酎を呑み、斗南のことをあれこれ話し合うのだった。

同二十日—

船中に泊す。

同二十一日――
今朝五ッ半（九時）ころ、野辺地へ着き、順々に艀にて上陸す。役人出張、それぞれ宿割り合いに相成り、拙者家内、本町野坂屋与四郎と申すへ宿す。同宿は赤羽忠之助家内、佐藤覚兵衛家内、三瓶源蔵家内なり。

第三便の乗船者、千六百余人の上陸風景である。野辺地周辺の村々は、会津人でごった返し、お祭りのような騒ぎであった。

二十三日、各家にしばらく滞在するよう通達があった。野辺地には宿屋も少なく、民家に世話になるしかないのだが、茶碗も布団も余分なものはなにもない。すべてがまんがまんの毎日である。野辺地の世話役は旧若年寄の倉沢平治右衛門である。倉沢は一夜、類右衛門らを招いて一献を汲み交わし、慰労した。

七月七日――
拙者下宿、田名部《たなぶ》在田屋《たや》村平七と申す宅へ御割りつけに相成る。明日、出起に候事。

類右衛門一家の移住先が決まった。下北半島の中心地、田名部に近い田屋村である。当座の生活に必要な米の通帳と手当が支給された。

類右衛門一家は、七月八日、田名部に向かった。馬と駕籠を雇い、鍋・釜を手に、家族八人の

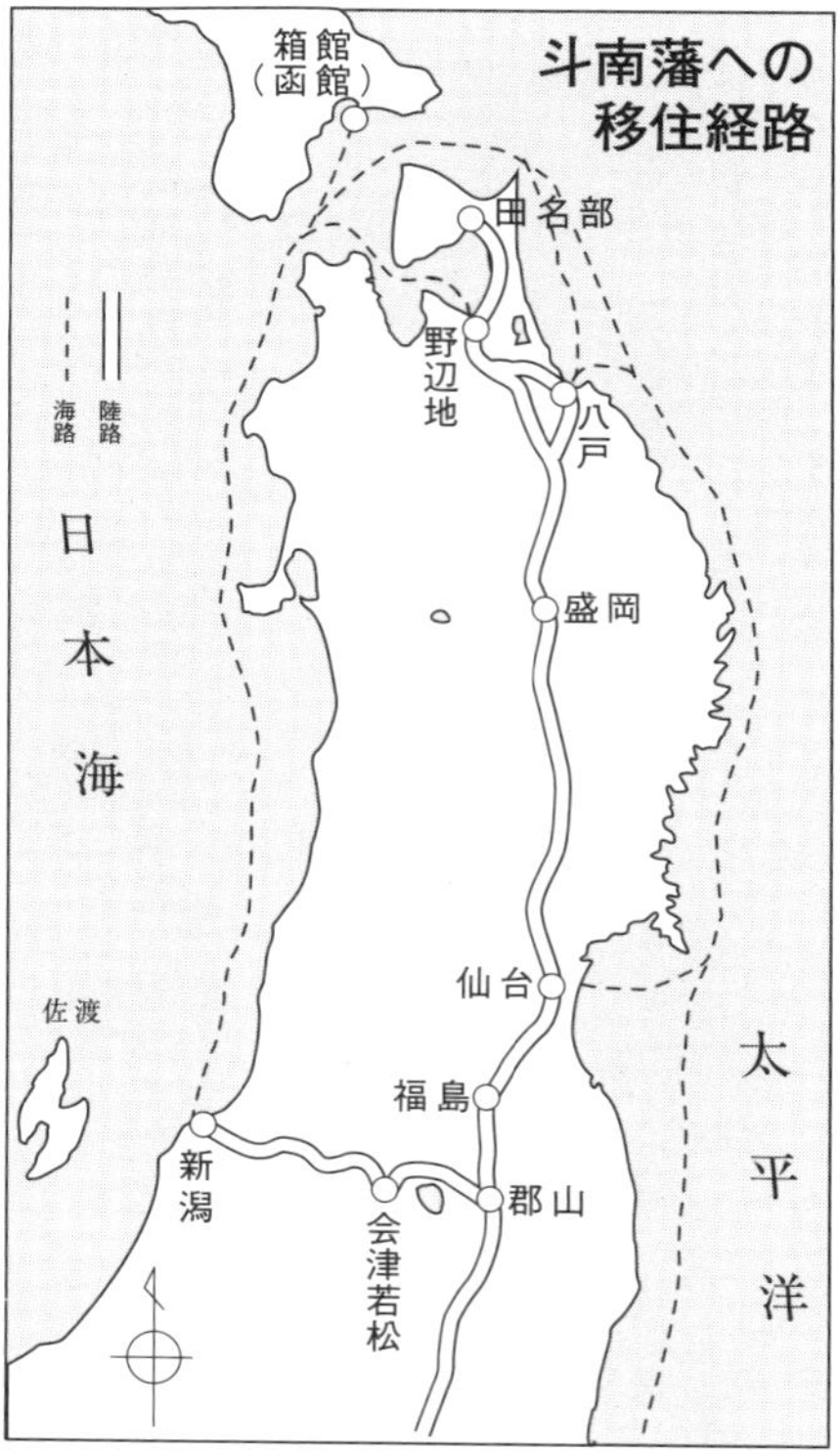

旅路である。野辺地から田名部への街道は、連日、炎暑であった。陸奥湾は真夏の太陽でキラキラ光り、額から玉のような汗が流れる。

前後を多くの会津人が行く。まだ旅の気分である。子供たちは嬉しそうに声をあげて笑い、母も機嫌がいい。類右衛門も思わず微笑むことがしばしばだった。

八日は横浜に泊り、翌九日、田名部に着いた。

斗南藩の藩庁は当初、五戸《ごのへ》に置かれた。しかし、五戸では下北から遠すぎるため、間もなく田名部の名刹円通寺《えんつうじ》に移ることになる。田名部は予想していた以上に活気があった。安渡の港から田名部の町に通じる田名部川の堤防には、いくつかの蔵屋敷が並んでいた。

越前屋又五郎・川口徳右衛門・島谷惣助・丸山理右衛門・杉山弥之助などの大問屋の蔵である。町のなかにある立花文左衛門の門構えも目立った。話に聞いていた以上の賑やかさである。

十日朝、田名部藩庁の会計方より和米三斗九升七合、南京米三斗九升七合を受け取り、馬に積んで田屋村に出発する。一緒だった赤羽家の人々と涙ながらに別れ、ここからは類右衛門の家族だけの旅である。

田屋村でつぎつぎに悲劇が起こることなど、このときは夢にも思わず、皆、安堵の表情であった。

ほかに移住経路の図のように陸路で向かった人々もいた。

第七章 苦闘する斗南藩

▶旧斗南藩柴五郎一家居住跡

凍餒蛮野

今日九ッ時（正午）ころ、割りつけの田屋村平七宅へ着す、右家主平七、村の先まで迎えに出ず。同人の宅は、上の一間八畳、床の間つき、袋戸つき、三尺縁通りあり。次の間は八畳、次は十畳、右三間を借り受け、勝手はその外なり。宿の家は三人。何分言語通ぜざる事多くありて困難す。

割り当てられた仮住まいの宿舎である平七宅は、まずまずの広さだった。平七は家族も少なく歓迎の素振りを示したが、会津弁と下北弁ではなにをいっているのか分からず、前途多難を思わせる初日だった。

この村に割り当てられたのは、類右衛門のほか成瀬鉄之助、山本道珍、笠尾八重八、風間久蔵、外島藤五、牧野安之丞、根津《ねづ》秀松の一家で、早速集まってこれからの暮らしを話し合った。見たところこのあたりの住まいは、荒屋《あばらや》で日々の食糧も乏しく、主食は稗《ひえ》であった。

食べ方も変わっていて干した昆布を臼で搗き、稗といっしょに煮込むのである。これをオシメといった。一種の雑炊である。温かいうちは結構おいしいが、冷えるとまずくて食べられない。そのほか、産物は大根・五升芋・野生のユリなどで、米はいっさい穫れない。米を食べるのは正月、お盆、病人が出たときだけだった。「恐ろしいところだ」誰しもが思った。幸い米の支給がある。それだけが救いだった。こうしたなかでまず始めたのは、子供の教育である。学問を身につけ懸命に励めば、必ず報いられる。会津人にはそうした哲学があった。

何人かの子供は東京に残った。福沢諭吉の慶応義塾、沼《ぬ》間《ま》守一《もりかず》の英語塾、ヘボンの英語塾、あらゆるところに会津の子供をもぐり込ませた。大参事山川浩の弟健次郎はアメリカ留学が決まっていたし、末の妹捨松にもアメリカ留学の話があった。

「外島侔保佶、書読教授を乞う。よって秀太郎とともに日々、これを授く」―類右衛門は、ささやかな学習塾を開いた。たとえ下北の荒屋に住み、日々、オシメを食べようとも、会津藩士の誇りを捨ててはならぬ、類右衛門は子供たちにそう説いた。

夜になると、地元の人々が決まって、奇妙な踊りに熱中した。「盆中、毎夜、老若打雑り、踊りをなす。鳴り物は三味線、打鐘にて拍子を取り、実に妙なり」鳴り物入りで、激しく踊るのである。時宗《じしゅう》の遊行念仏を思わせるものであった。

「死ねば恐山《おやま》さ行く」。人々はそう語り、恐山《おそれざん》の夏祭りが来ると、腰に弁当をくりつけ、出かけて行く。類右衛門はこのころから、筆を取ることが少なくなった。周囲の暮らしがあまりにも奇異で、呆然と見つめることが多くなり、日記が極端に減ったのである。京都にいるころは、珍しいことに遭えば、必ず日記に書き留めた。しかし、それは文人趣味の類右衛門の感興をそそる事柄で、この下北の地で出るのは溜め息ばかりで、文章にならないのである。

「別条の事、これなき日は、是より略す」―類右衛門はこのように書き、日記をしまい込んだ。

八月に入って類右衛門一家は外島・笠尾両家の人々と近くの浜辺に蛤《はまぐり》拾いに出かける。食糧確保が目的だが、子供たちは声をあげて走り回り、楽しいひとときであった。

「子供残らず引き連れて行きしに、俵で二俵拾い得たり。保養をなし、帰宅す」。類右衛門は何日ぶりかの一家団らんに満足した。二十日には田名部の祭りがあり、秀太郎を連れて出かけ、渡部彦太方で馳走になった。話題は会津のことばかりである。

「九月、十月別条なし」。日記は空白が続いた。二ヵ月間の沈黙である。もっとも明治四年六月のころに「是より明治三年八月以降の事なり」として、次のことが付記されており、まったく書かなかったというわけではない。

「この地の村民、農事の暇々に蕨《わらび》の根を掘り、花と唱《うた》い餅を製す。食用に充《あ》つるを事とす。わが家内、この村に在りて村人にこれを製する事を習い、数度、蕨根を掘り採り製す。味わいははなはだ美なり。母ことに好めり。ただし蕨餅なり」

「九月十六日、田屋村鎮守祭礼に招かれ、山本一同参り見るに、村の若者、老人を招待し、酒を出す。われも大いに馳走になる。若者ども花笠を持って踊り、太鼓、笛、打金をもって拍子を取り、舞い踊る。歌等は一切、分かり申さず」

「同二十七日、今日より玄米四合の内、減ぜられ三合御渡し、一合は御買いあげとなる」

これらの、記述は後日、発見されつけ加えたものと思われる。蕨の根が意外においしいこと、秋祭りは賑やかに行われたことなど内容的にはありきたりの話である。現在も下北の地は民謡や踊りが非常に盛んな土地柄である。餅揚《もちあ》げ踊り、田植え踊り、囃子舞《はやしま》い、こつから舞い、杓子舞《しゃくしま》い、枡舞い、うさぎ舞いなど数多くの伝統芸能があり、類右衛門が見たのも、これらの一つであったに違いない。ただ、歌の文句はさっぱり理解できず、異文化にとまどう類右衛門たちの姿を想像させる記事である。異なる文化になじむことはそう簡単ではない。

秋祭りが終わると、冬将軍の到来である。冬を迎えてどうなるのか。次第に寡黙《かもく》になっていく類右衛門の姿に、苦悩する会津人が浮かんでくる。

類右衛門らがこれからの生活を托す斗南藩《となみ》。人々はそこにどのような未来を展望したのだろうか。

斗南藩は二つの領地に分断されていた。下北半島と三戸《さんのへ》、五戸《ごのへ》を中心とした岩手県に隣接した部分である。平地のある三沢《みさわ》周辺は斗南藩領ではなく、七戸藩領である。同じように港のある八戸周辺は八戸藩領で、肥沃な土地は斗南藩からはずされていたことになる。これを見ると会津人の陸奥移住は、最初から挙藩流罪《きょはんるざい》の色彩が濃かった、といわざるを得ない。

自主の民

斗南藩首脳はどのような理念で、藩の経営を進めようとしたのだろうか。

山川浩、広沢安任、永岡久茂ら斗南藩首脳が布告したのは、自立の勧めである。帯刀を認めず、平民の気持ちで地域の人々と協調し、農工商、いずれの業でもよい、自主の民となるよう説いた。それは各人の努力に任せるという苦しい説明であった。開拓に当たる人には土地を分配、全員に助産米、助産金を遣わすが、いつまでもそれに甘えてはならないとした。

子弟の教育については、父がいかなる高官であっても平等に取り扱うこととし、斗南藩の指導者についても山川・広沢・永岡らにとどまらず、全体のなかでもっとも優れている者を指導者に選ぶとする項目もあった。

山川らは決して地位に恋々《れんれん》としてはおらず、適任者がおれば交代も有り得るとする考え方を示した。病人・未亡人など恵まれない人々に対しては援助したいが、財政困難につき、親族・知人が親身になって手助けしてほしいと訴えた。自主独立の精神、博愛平等が斗南藩の理念であった。

具体的には、田名部の円通寺に藩内の事務を総括する藩治庁をおいて文武を総括した。そして人材養成に当たる司教局、戸籍・租税・堤防・水利・救済・養老・社寺・駅逓を業務とする司民局、金穀・出納・秩禄・用度・営繕を担当する会計局、法を守り、犯罪の捜査に当たる刑法局を置いた。

しかし財政難のため、組織の簡素化に迫られ、間もなく刑法掛・司法掛・学校掛・開産掛・会計掛・庶務掛・救貧所掛に縮小する。職員は二百二十人ほどで、雀の涙ほどの給金で皆、必死に働いた。ちなみに山川の月給が三両、広沢・永岡は二両二分、職員は平均して一両である。明治新政府の高官は、五百両、六百両も取っている。比べようもない低さである。

このため仕事が終われば皆、野山に出て山菜を採った。こうしたなかで最初に手がけたのは住宅建設である。田名部の町から一里ほど離れた丘陵地、妙見平《みようけんだいら》を宅地に選び、ここを斗南ヶ丘と命名、第一新館として一戸建て三十棟、二戸建て八十棟の建築を急いだ。港に近い太平地区の松ヶ丘にも第二新館三十棟の建設を進め、さらに五戸に二十棟、三戸に四棟を建設、完成した順から移住を認めた。

建設資金は地域の有力者、商人からの寄金である。入居した人には周辺に土地を与え、自給できるようにした。営農は三本木開拓の成功者新渡戸伝《にとべつとう》らの指導を受けて行い、開墾地には土手を造り、溝や堰を設けて排水に気を配り、春を待って大豆・粟・稗・そば・馬鈴薯・小豆・大根・茶・小麦・藍《あい》・煙草・麻などを植え、米作にも挑戦することにした。また桑苗を仕入れて養蚕を起こすことを計画した。

殖産興業としては領内各地に小規模な工場を造ることにした。家内工業である。鍋・釜・鉄瓶・鍬《くわ》・鋤《すき》・鎌・陶器・傘・竹細工、なんでもつくり、領内で販売し、現金収入の途を開こうというのである。そのほか、恐山の硫黄の採掘、海産物商・海運業など構想を練った。

そうしたおり、人格育成を旗印にすべてに優先して開校した藩校で、新たな問題が起こった。田名部の本校のほか五戸・三戸にも分校を設置、生徒数はたちまち千人を超えたが、食糧事情が悪化し、子供の休校が目立つようになった。子供たちは山菜採りに明け暮れ、学校に来ないのだ。衣食足りて礼節を知る。人々はこの言葉の重みを噛みしめざるを得なかった。

やがて冬が近づいた。もっとも恐れていた飢えと寒さが、斗南藩士の上に襲いかかった。まず米が底をついた。購入するにも金がない。八歳以下の子供は二合に減らされ、連日、釜臥山《かまぶせやま》からごうごうと風が吹きつける。鉛色の空の下、防寒具一つない生活である。果たして冬を越せるのか、誰しもが不安にさいなまれた。

十一月九日—
三男乙三郎病死す。

類右衛門一家に犠牲者が出た。三歳の乙三郎が栄養失調と寒さのため、医者の手にかかることもなく病死したのである。恐れていたことが現実となった。餓死である。涙で目がかすみ、日記を書く気力も失せたのだろう。三男の死について、類右衛門はこの一行しか書いていない。家族を愛し、いつも母や妻子のことを思い続けてきた類右衛門にとって、子供の死は筆舌に尽くしがたい深い悲しみであった。日記にはないが、家族手を取り合い、泣き崩れたに違いない。類右衛門は気を取り直すかのように、斗南ヶ丘への移住を願い出た。正月前に引っ越しを考えたが、豪雪のため身動きつかず、乙三郎の位牌をかかえて田屋村で越冬する。

十二月二十九日—
戦争以来、家内相まとい、越冬致し候事。今日、祝いとして万代餅を搗《つ》く。

家族肩を寄せ合い、水入らずの大晦日《おおみそか》である。餅を頬ばる子供たちを、類右衛門はどのような気持ちで見つめたであろうか。脳裏をよぎるのは、栄養失調で亡くなった三男乙三郎の姿であった。

斗南ヶ丘移住

明治四年（一八七一）正月元旦の朝を迎えた。

嘉例《かれい》の如く梅湯《うめゆ》を呑み、家内祝杯をなし、新年の春を迎え、宿の家内にも寿《いわい》を述べ、祝杯を与う。

梅湯を飲むと、一年中風邪《かぜ》を引かないという、会津に伝わる元旦の朝の風習である。冬は風邪を引きやすい。風邪を引くとまずくしゃみが出る。会津ではくしゃみをアクショといい、アクショをすると「おめぇ、風邪引いたでねぇが」となる。

会陣地方の正月三日間の料理は、元旦はそば、二日は餅、三日はとろろと決まっている。そばを食べると寿命が延びるという意味である。しかし類右衛門の日記は、元日の食事にいっさい触れていない。書くべき御馳走がなかったのだろう。

「二日、雑煮餅《ぞうにもち》に換《かわ》るに芋餅をなす。三日、同断」。二日にはじめて食事のことが出てくる。餅の代わりに芋餅を食べた。芋餅の原料は馬鈴薯である。馬鈴薯を川水にさらし、柔らかくなってから乾燥させ、これを粉にしてつくる団子である。類右衛門一家はこの代用食で、正月三ヵ日を過ごしたことになる。

地元の人々は華やかな正月を過ごしていた。元日の朝は若水汲《わかみず》みで始まる。除夜の鐘が鳴り終わると、一家の主人が羽織袴の正装で手桶と柄杓《ひしやく》を持って井戸に行き、水神さまをおがんでから若水を汲んで来る。その水を桶に入れたまま床の間に置き、家族全員が一杯ずつ飲み、新年を祝うのである。

食膳には御神酒《おみき》・煮しめ・肴・雑煮などが並び、食事がすむと年始回りである。子供たちには「ウマ」とか「マッコのせる」といってお年玉をやる。二日は小豆餅《あずきもち》を食べ、三日は御魂粥《みだまがゆ》といってお供えの鏡餅をおろし、それで小豆粥をつくって食べる。

この間、会津の人々はじっと荒屋《あばらや》にひそみ、正月が明けるのを待つしかない。

正月十五日に家族の再調査が行われ、類右衛門は改めて家族名を提出した。当主・準六等荒川類右衛門勝茂、妻ミヨ、嫡子秀太郎、次男乙次郎、長女サタ、次女キチ、母カヨの男三人、女四人である。

本来ならば、ここに三男乙三郎の名前があるはずだった。それが悔しくてならない。なんとしても残る家族を守らねばならない。類右衛門は心に誓う。

二月十二日――

今日、新建《しんだて》へ引っ越す。宿の平七手伝いをなし、かつ笠尾八重八手伝いとして参る。御渡しの無毛地、間口十五間、奥行き十七間、坪数にして二百五十五坪。屋敷二間半に三間、別に雪隠《せっちん》（便所）あり。屋根木羽板《こばいた》なり。

二月中旬、類右衛門は待望の斗南ヶ丘に引っ越した。晴れて一軒屋に移ることができたのだ。二百五十五坪の土地と二間半、三間の小さな住まいだが、自分の家である。家族一同、大喜びであった。

引っ越しの日は太陽暦でいうと、四月一日に当たる。あたりの雪はとけ、集落ごとに春の祭りが行われ、田起こしに入る。やがて三月中旬（陽暦五月初旬）ともなれば、水ぬるむ季節である。

三月十五日―

今日、家内海浜に行き、昆布拾い致し、俵に一俵余拾い取り候。後、数度採りに参る。

家族そろっての昆布拾いである。拾ってきた昆布は真水にさらし、色が白くなると、細かく刻んで乾燥させ、カマスや俵に入れて保存しておく。地元ではこれをウスメコンブ、あるいはオシメコンブといい、粟や稗にまぜて食べるのだ。

そろそろ開墾に入らねばならない。三月二十七日、類右衛門は農耕馬と農機具、植えつける種の貸与を藩庁に申し出た。

覚

一、鋤、鍬

一、餅粟種二升、大豆種三升、奥戸馬《おこっぺうま》一疋、右者この度、御貸渡しに相成り候につき、相望み

申し候　以上

荒川類右衛門

竹村大属《だいさかん》様

竹村というのは、学校掛兼司民掛兼開拓課の責任者竹村幸之進である。大参事山川浩の藩校日新館時代の同期生で、戦争中は狙撃隊長として活躍した。後日、五升芋種を申し込まなかったことに気づき、五升芋種五升の貸与も願い出た。

四月五日、まず鍬が貸与された。いよいよ開墾である。与えられた土地の掘り起こしを始めたが、当面、現金収入の途はない。これでは日々の暮らしが成り立たない。幸い家内工業を興す貧院所の建設が始まったので、力仕事を願い出た。ここからわずかの給金を得て、急場をしのぐことができた。

四月十五日―

五升芋種五升、餅粟種一合、粟種三合、大豆二升、小豆一升、右の種、今日御渡しにつき秀太郎（長男）連れ田名部浜蔵方へ参り、受け取り候事。

五月六日―

今日、望み置き候馬、御渡しに相成り候につき、秀太郎召し連れて田名部へ出て、受け取り帰る。ただし青毛七歳。

待ちに待った馬が貸与された。青毛の馬を引いて帰路に就く類右衛門親子。懸命に生きようとする一家のようすが文面ににじみ出ている。

翌七日、類右衛門は貧院所の工事によく励んだとして、幼君容大《かたはる》に拝謁し、大参事山川浩から親しく激励された。容大は前年秋に会津若松から五戸《ごのへ》の旧南部藩五戸代官所に移り、旧南部藩士三浦伝七方にあったが、この年の二月に田名部に移り、円通寺に住んでいた。斗南藩主といってもまだ二歳である。寺のなかを駆け回り、山川の母が一日中、子守に追われていた。山川が容大を連れて管内を巡視し、藩士たちを激励しており、貧院所の工事完成を祝って表彰したのである。

この間、四月十七日に、妙見明神の祭礼があった。

妙見平、妙見明神御祭礼につき、草餅搗く。元寄宿の家内、その他田屋村の者参り酒出す。また田名部の男女、酒、重詰め等を持参にて御長屋へ参り、大いに賑々敷《にぎにぎしく》候。

類右衛門の人柄を慕って、寄宿していた田屋村の人々が集まり、酒を酌み交わした。地元の人々との心温まる交流であった。だがこのころから藩庁の米はますます不足し、子供について大人も三合から二合八勺に減らされた。食事は来る日も来る日もオシメである。類右衛門の一家は再び山菜採りである。

五月十三日――
今日、家内、蕗《ふき》採りに行く。その蕗の大なるに驚きたり。長《た》け四尺ぐらい、太さ一寸径ぐらい、葉の大きさ、さし渡し三尺ぐらい。傘《かさ》のごとし。

化けもののような蕗が群生していて、類右衛門も仰天する。

会津のゲダガ

類右衛門が馬を使って百五坪ほどの荒地を開拓し、五升芋や大豆を蒔いたのは五月も二十日を過ぎてからだった。与えられた土地は二百五十坪なので、まだ半分の土地が残っている。馬にムチをあて朝早くから開墾を続けたが、突然、馬の具合がおかしくなった。横になったまま動かない。

月末の二十七日、馬は病死する。馬を飼った経験がないので、エサが十分でなく、栄養失調になったのかもしれない。

翌日、田名部から人が来て、皮を剥《は》いで持っていった。それを呆然と見つめる類右衛門一家。馬を失い、すべて人手で当たるしかない。妻の身体も弱っており、秀太郎はまだ幼い。類右衛門は歯を食いしばって鍬を振るい、なんとか残りを切り開いた。

六月二日、斗南ヶ丘に大畑や野辺地から大量五百人ほどが引っ越して来た。翌三日には斗南藩首脳が訪れ、人々を励ました。

知事様、開拓御覧。斗南ヶ丘御渡し屋敷の家内の者ども、御呼び出しに相成り、開拓勉励よろしく致し候者は、鎌一挺拝領仰せつけらる。婦人は御目見仰せつけられ御言葉の御賞美これあり候。われは鎌を拝領す。

多くの人々の前で、類右衛門は鎌を拝領し、大いに面目を施した。十三日に大根とそば麦の種が支給され、類右衛門は開拓地にそば麦五升を蒔いた。あとは実りの秋を待つばかりである。果たして作物は実るのだろうか。類右衛門は祈る思いで畑を見つめた。しかし、秋までは長い。不安定な暮らしに絶望し、斗南の地を脱出する人が出始めたのは、このころからだった。

六月二十四日――
笠尾八重八、家内不和を生じ、拙者参り種々相諭《さと》し候えども、ついに家内離散の事となる。

栄養失調・病人が続出し、一銭も金のない貧乏な暮らし。笠尾八重八の家では生活苦による夫婦喧嘩のあげく、一家離散になったのである。

八重八は会津から斗南に移る際、屋敷に祭っていた稲荷明神を持って来た。田屋村から斗南ヶ丘に移るとき、なにかの事情で類右衛門が預かり、そのままになっていた。「もう必要もなし。川に流す」といい出した。神も仏も信じられない。稲荷明神など川に流して捨ててしまうという。そんなことをすれば罰が当たる、と八重八をなだめ、譲り受けて荒川家の守護神とした。ところが不思議なことに米を贈る人が現れた。

「その後、米に不足なし。家内益々信心す」――。これも稲荷明神の御加護と類右衛門一家は、顔を見合わせて喜んだ。こんなエピソードもあったが、全般的に見れば、会津人の暮らしは、日々悪化するばかりであった。

会津人の悲惨な暮らしについては地元にさまざまの声があった。『斗南藩史』（葛西富夫、斗南会津会、昭和四十六年刊）によれば、「会津のゲダガ」「会津のハドザムライ」と陰口を叩いた。

ゲダガというのは、下北地方の方言で毛虫のことである。類右衛門の一家をはじめ会津の人々はなんでも食べた。ウコギ・アカザ・ゼンマイ・アザミ・アサツキ・ヨモギ・フキ・蕨の根、毛虫のようになんでも食べた。

「ハドザムライ」というのは、三戸・五戸地方の陰口である。鳩のように大豆や豆腐のおからばかり食べているという意味である。おからをめぐって争いが起きたこともある。

斗南藩は再三再四、明治新政府に救助米を願い出たが、すぐどうなるということもなく、各自、山菜採りや昆布拾いに努め、あるいは地方の人々の援助にすがるしかなかった。

季節は夏に替わった。七月十四日はお盆である。類右衛門は乙三郎の仏前に、万代餅を搗いて供えた。二十一日は父梅二の一周忌である。これも餅を供えて家族の加護を祈った。このころから娘のサタとキチも近隣の手伝いに出かけるようになる。

二十三日に宿ノ戸から妻の父、樋口安之丞が大病にかかったという知らせが届いた。妻・娘・息子を連れて未明に出起。七ッ半（午後五時）過ぎ宿ノ戸に着いた。安之丞は娘や孫の顔を見ると、かすかに笑みを浮かべ、息も絶え絶えに、「跡継ぎに乙次郎をもらいたい」という、類右衛門が「分かりました」というと、義父は何度もうなずき、安心したのかほどなく落命した。

妻は父の遺体に取りすがって泣き崩れた。肉親の別れは辛い。


悲しめども帰らず。翌日、葬式を営み、同二十五日の暮れ六ッ（午後六時）に帰宅す。ただし後、云々《うんぬん》生じ、養子この事止む。


妻は三男に続いて実父をも失い、顔がやつれて痛々しく、類右衛門の悩みは深まるばかりである。

二十七日に幼君容大と山川大参事が再度斗南ヶ丘を訪れ、暑中見舞いとして酒と一人につき二百五十文の賞与を配り、近日中に廃藩置県が断行される旨を伝えた。山川大参事の説明によれば、藩はなくなり、県に変わる。県知事は新政府が選び、旧藩主はすべて東京に集められ、華族に祭りあげられるというのである。会津藩再興の夢は幻と消えたのだ。なんということか。皆、言葉もなく悄然と座り込んだ。

翌日、北原家の若主人大和君《ぎみ》が訪ねて来た。世のなかのあまりの移り変わりに、大和君ともども茫然自失であった。

母の死

「今般、藩を廃し、県になし替わる。これ七月晦日《みそか》の御布告なり」—類右衛門はさまざまの思いを込めて、この短い文章を書いた。斗南藩は七月末日をもって斗南県と名を変えたのである。幼君容大《かたはる》も間もなく斗南を去り、東京へ向かうことが決まった。類右衛門の胸に去来するのは、なんであったろうか。

私儀、俗名類右衛門と相唱えきたり候ところ、この度、官名御停止に相成り候につき、勝茂と相改め申し候間、この段、御届け申し上げ候　以上

八月五日

荒川勝茂

類右衛門を改め勝茂を名乗ったのは、このときからである。しかし、通称は類右衛門のままだった。奇しくもこの月、長男秀太郎が田名部学校に入学した。苦難続きの一家にとって久方ぶりの朗報である。

八月七日―
伜秀太郎儀、今日、田名部学校へ入校致《いたさ》せ、左の通り出す。
新建御長屋　勝茂伜
四等生　士族　荒川勝文　十一歳

秀太郎は田名部学校教師伊沢清次郎から勝文《かつふみ》という名前をもらった。たとえ廃藩置県になり、御家再興がかなわずとも、長男の時代になれは、会津も必ずや青天白日の身になるだろう。そんな思いも込めて、類右衛門は学校に通う秀太郎を毎朝見送った。その喜びもつかの間、類右衛門一家をまたしても不幸が襲った。母の死である。

八月八日―
母様十日ばかり以前より総身腫《は》れ、御勝《すぐ》れなされず、日々、御看病致しおりしところ今朝五ッ半（午前九時）ころより重らせられ、医者も居らぬ土地なれば、如何にとも致すべきなし。この夜、寝ずに看病す。夜明けて少々粥を食せられければ、少しく御快方にならせられると喜び、かねてオハギを好まれ候につき、直ちに用意に取り掛かりけるに、こは如何に、俄かに塞がれ、呼べど叫べど御答えなし。隣家より気つけ等を持参、御口へふくませども験《しるし》もさらになし。家内あげて悲嘆の涙泣《るいきゅう》より外の事はなし。ああ、悲しいかな。無常の風に誘われ給い、黄泉《よみ》の客となり給う。これ九日昼四ッ半時（午前十一時）ころなり。

人一倍母思いの類右衛門である。どれほど悲しかったであろうか。「ばっちゃん、ばっちゃん」と母を呼び、身体をゆすり、隣家から気つけ薬をもらい、口にふくませる類右衛門の姿は、感動的でさえある。涙にくれる一家の姿が彷彿と浮かぶこの文章は、全体を通じても際立った一節である。三男、義父に続いて最愛の母の死であった。

私母儀養生相叶わず、今四ッ時過ぎ病死致し候につき、来月二十九日まで忌中に相成り候間、この段御届け申し上げ候　以上
八月九日
荒川勝茂
佐々木少属《しょうさかん》様

斗南藩庁の司民掛開拓課試補官佐々木主馬宛に死亡届けを出した類右衛門は、斗南ヶ丘に母を葬ることにした。斗南県から見舞い金二両が贈られ、田名部の常念寺から僧も来てくれた。斗南ヶ丘の一角に読経が流れ、ささやかではあるが、家族と近所の人々による心のこもった葬儀であった。

「かかる身にも相成らずば父上と御同様の御弔《おとむらい》も致すべきに、哀れにも余りあると共に袖を絞りける」――類右衛門は葬儀の模様をこのように記し、新たな涙にむせんだ。類右衛門は翌日から

秀太郎を連れて毎日、墓参りをした。初七日にはオハギをつくって墓前に供え、近所へお返しをした。

八月十八日―
今日、頂戴の大豆、御渡しに相成り候につき、秀太郎を連れ、田名部へ受け取りに行き候事。
同二十五日―
従五位様、今日東京へ御発駕遊ばされ候につき、学校諸生御見送り仕る様、先生より申し聞かされ、秀太郎明け六ッ（午前六時）に田名部へ行く。

淡々と続く日記の中に、突然、従五位松平容保が現れる。主君容保が下北の地に来ていたのである。

東京藩邸で会津藩再興を夢見ていた容保にとっても、廃藩置県は衝撃であった。家臣とともに暮らすことも、今となってはかなわぬ夢と化した。容保は皆と最後の別れを交わすため、養子の喜徳とともに東京から汽船で旧斗南領佐井に渡り、七月下旬に田名部の円通寺に着いていた。

先日の下賜金は、容保の心尽くしの慰労金だった。容保はわが子容大と水入らずで過ごし、訪れる藩士たちと懐旧談に花を咲かせた。二十四日には容大名で旧藩士一統に次の布告を出し、翌日、帰京の途に就いたのである。

この度余ら東京へ召され、永々、汝らと艱難を共にするを得ざるは、情において堪え難く候えども、公儀の思召しあるところ、やむを得ざるところに候。これまで賎齢《せんれい》をもって重き職に奉じ、ついに御咎め蒙らざるは、畢竟《ひっきょう》、汝ら艱苦に堪えて奮励せしが故と、感喜この事に候。この末、益々御趣意に遵《したが》い奉り、各身を労し、心を苦しめ、天地罔極《もうきょう》の恩沢《おんたく》に報い奉り候儀、余が望むところなり。

八月二十日

松平容大

主君と仰ぐ人物は、もうこの地にいない。去来する不安を打ち消そうと、類右衛門は収穫の作業に汗を流した。芋は三升蒔いて四斗七升の収穫。まずまずだったが、餅粟はひどい。渡された種を全部蒔いたが、伸びたところを隣の馬に食われ、収穫はたったの一升。大根も五十本ほど馬に食われ、わずか百五十本の収穫だった。

そば麦は四升五合蒔いて収穫は一斗。これが一年がかりの農作業の全収穫だった。やがて再び恐ろしい冬将軍の到来である。連日、一寸先も見えない地吹雪が舞った。

十一月八日――

雪大いに積もる。日々風烈し。今日、乙三郎一周忌につき、オハギを供う。

同十九日――

清光院（亡母戒名）様百ヵ日に当たらせ候につき、オハギを仏前に供し、また客にこれを饗す。

十、十一、十二月の三ヵ月に類右衛門はこれしか記していない。烈風が吹きすさぶ斗南ヶ丘、母の死、もはや書く気力も失せたのだろうか。やがて明治五年の正月を迎える。

この時期の類右衛門について、もう一つの資料がある。類右衛門の『明治日誌』を最初に注目した人に荒川弘がいた。類右衛門の孫の一人である。弘は旧制会津中学から京都の立命館大学専門部地歴科を卒業、兵庫県飾磨商業学校に教師として勤務していた昭和十七年、『荒川勝茂著、明治日誌概略記』を書いて、荒川家の人々に日記の重要性を説いた。

荒川弘の概略記は、四百字詰原稿用紙十六枚の小さなリポートだが、身内から聞いた祖父の面影も記し、『明治日誌』を分かりやすく解説した。このリポートを書きあげて間もなく結核のため病死するが、この時期の類右衛門について、大要次のように記述していた。

一家は力を合わせて不毛地の開墾に慣れない鍬、鋤を握って百姓仕事に従った。家の留守をするものは今年六十二歳になるおばあちゃんである。後に母、秀太郎、乙次郎、サタ、キチとそれぞれ分相応の仕事に励んだ。秀太郎は長男であり、怜悧《れいり》であったから父の寵愛を一身に集めて、どこへ行くにも父は秀太郎を連れて行った。

仕事の暇には外島という者の倅と一緒にして学問を教えた。八月になって秀太郎は田名部の小学校に入学した。先生から勝文という実名をつけて貰った。学校がひけてから秀太郎はよく米を搗いた。米搗は彼の主な仕事であった。学校で習った書物の文句を口ずさみながら、重い棒を足で踏んではストン、ストンと落とすのである。

房々とたれた前髪がそのたびにぱさり、ぱさりと白い秀でた少年の額にかかった。父が家にあって縄綯《なわな》いなどしている日には、この米搗く秀太郎少年に、仕事しながら昔の話をして聴かした。父がよく好んで語って聴かせたのは、阿新丸《くまわかまる》の談《はなし》だった。

年少の身をもって京都からはるばる佐渡ヶ島まで父をしたって行き、そこでもはや父は刑吏の手にかかって最後を遂げたと聞くや、悲嘆の涙の後から決然として意を固め、苦心の末、讐《あだ》を討って父の恨みを晴らし、智略をもって落ち延びたという彼《か》の阿新丸の物語は、父が力を入れただけに秀太郎少年の血を湧きたたせずにはおかなかった。

孫の弘はこのように類右衛門一家を描写していた。このエピソードが、どのような聞きとりによるものか、調べることはできない。阿新丸のことは当時よく知られた話である。秀太郎に期待をかけながら、必死に生きようとする一家の姿が実によく描かれているといえよう。

脱走者続出

明治四年は、文字通り斗南藩崩壊の年であった。一時、斗南県が誕生したが、間もなく弘前・黒石・七戸・八戸・斗南の五県が合併、青森県となり、この下北の地から斗南の字が消えた。

『青森県史』第六巻によると、青森県大参事野田豁通《ひろみち》が大蔵省に提出した書類に、「一万三千二十七人のうち三千三百人ほどは各所出稼、あるいは離散の由にて、老年ならびに廃疾の者六千二十七人、幼年の者千六百二十二人、男子壮健の者二千三百七十八人ほどの見込み」とあった。健康な成人の半数は、斗南の地を去っていたのである。

悪食のため胃に虫がわき、老人・子供がばたばたと死んでいった。汗水たらして開墾し、種を蒔いても収穫はない。冬になっても着るものもなく、寒さにふるえる日々である。これはまさしく挙藩流罪であり、これならば会津若松に帰ったほうがよい、と誰しもが思った。しかし物事は単純ではない。帰郷したところで住む家も仕事もない。帰る旅費をどうするか、当座の生活費もいる。金のない人、病人や子供をかかえた人は脱出もままならない。こうして明治四年は暮れた。

明治五年（一八七二）正月元日—
例年嘉慶《かけい》の通り朝、梅湯を呑み、家内一同盃を取り交わし、祝酒を呑む。
二日—
万代餅を搗き、雑煮に入れ神に奉る。
三日—
昨日と同断。

昨年は芋餅だったが、ことしの正月は三日間、餅を食べることができた。青森県から援助で米が届き、大人四合、子供三合に復活したのである。しかし、類右衛門の心は依然として冷え切っており、一月、二月と日記の空白は続く。

三月二日―

北原御部屋様（主人北原采女の妾）大病の趣《おもむき》、御書状相達し、三日未明に出起、八ッ時（午後二時）ころ着。種々御看病を致し、二宿し帰宅す。ほどなく御病死に至る。

三月は庄津川村に住む主人の御部屋様を見舞ったことを書いただけで、四・五・六・七月は空白であった。

八月九日―

清光院様御一周忌を弔《とむら》う。

母の命日だけは忘れずに記したが、九・十・十一月も無言であった。この空白の背後にあるのはなにか。四十二歳の類右衛門の脳裏に去来するのは、苛酷な下北の自然に翻弄された失意、虚しさ、絶望であった。

十二月五日、類右衛門は四ヵ月ぶりに筆をとった。

斗南ヶ丘は恐山の裾野にして、高峯より吹き下ろす嵐、常に強く十月末に至れば日々烈しく、ともすれば疾風吹き来り、安眠する能《あた》わず。家屋の板を飛ばし、あるいは屋上に木羽《こば》押えにあげおく石を転がし落とす等は常なり。しかるに今夕刻より風漸々《だんだん》烈しく相成り、夜四ッ時（午後十時）ころに至り、にわかに暴風吹き来り、家の冬囲いの丸木五本一度に折る。

類右衛門は胸のつかえを一気に吐き出すように、恐るべき斗南の冬を迫真の筆致で描いた。この夜の風は、この三年、経験したこともない凄まじいものであった。冬囲いの丸木が折れると同時に障子が吹き飛び、屋根の木羽板がはがれ、のせていた石とともに、雪がどっと室内に落下した。類右衛門は雪のなかから夢中ではい出し、子供を背負い、外に飛び出した。雪は五尺も積もっており、類右衛門は雪をかき分けて隣の山本方に駆け込み、助けを求めた。

山本の助けを借りて、折れた戸障子を押さえて倒壊を防いだ。やがて夜が明け、風もおさまり、危機を脱することができた。外に出てあたりを見回すと、長屋はいたるところで倒壊し、多くの老人や子供が雪の下で圧死していた。もはやここに住むことはできない。悲痛な泣き声を聞きながら、誰しもが思った。

十二月末、類右衛門は青森県士族となり、入り口に表札をかかげた。また一族の唐木三谷《からきさんこく》（叔父・父の弟）、岡部昌庵（叔母・父の妹）、布沢軍治（伯父・母の兄）、永峯友次郎（妻の従弟）、木村伝右衛門（妻の妹の主人）の責任者である旨を県に届け出た。お互いに、いつなにが起こるか分からない。そのため連絡の確認だった。吹雪による長屋の倒壊で、人々の斗南離れは、一層目立つようになった。

明治五年もこうして過ぎ、明治六年を迎える。斗南に来て三度目の正月である。早いものだ。

「今年こそはなんとか脱出の途を考えねば」類右衛門は白くなった髪をかきあげた。

第八章

故郷での再起

▶明治はじめごろの会津若松（『近代会津百年史』より）

出稼ぎ

誰がどうとりつくろおうが、斗南藩《となみ》の開拓は無残な失敗であった。斗南の地は「南部の殿様、菜めし稗めし、のんどにからまる菜っ葉汁」と津軽の人々から軽蔑された土地柄であり、刀を鍬に代えた、にわか仕立ての農民の手におえる代物ではなかった。

旧斗南藩首脳は青森県と協議し、開拓の中止を決断した。これ以上どんなにあがいたところで、人々の暮らしを立てることはできない。青森県誕生を期に政策の転換を図ったのである。それは、職業の自由、移住の自由を軸とする旧斗南藩の解体であった。明治六年三月、青森県は旧斗南藩士に大要次のことを伝達した。

一、当月限り手当米を廃止する。

一、手当米の廃止に当たっては、左の条件を各自調べ、至急、申し出ること。もし遅延に及べばいっさい、取りあげない。

一、各自の営業は農工商、各自の欲するところその自由に任せる。全国どこでも送籍するので、何業をもって生計を立て、どこの地へ移転したいか、申し出ること。

一、他県へ送籍希望の者は一人につき米二俵、金二円を支給するほか、格別の評議で資本として一戸につき、金十円を支給する。

一、管内自立の者は一人につき米五俵、金五円を支給するが、さらに格別の評議で資本として一戸につき金五円を支給する。

一、開拓場は三本木一ヵ所とする。

一、開拓はこれまで他県でも行われたが、士族の身で開拓に当たるのは容易ではなく、多くは失敗している。今回、成功しなければ、朝廷に対し恐れ入ることは勿論、その者の生計が困難に陥る。よって厳密の方則をたて、施行することとする。

一、三本木開拓移転希望の者は、一戸中強壮の男子一人ある者でなければ、許可しない。ただし強壮の男子一人あるといっても、はなはだしく厄介ある輩がいた場合は、このかぎりではない。

一、一戸中強壮の婦人二人あり、格別厄介の輩がいない場合は、検査の上、許可することもある。

各自勝手たるべしとの厳しい通達であった。陸奥の地に残る旧会津藩士は決断に迫られた。この地に残るか、他郷に出るかである。他郷といっても、どこに会津人を受け入れてくれるところがあるのだろうか。

類右衛門一家はあれこれ考えた末、この地に残り、三本木で新たな開拓にたずさわることを決意、金六十円を受け取った。

今般、若松送籍あるいは管内活計《くらし》、他府県活計の願い、勝手次第たるべき旨、差し許され候につき、拙者は管内活計を相願い候事。

類右衛門はこう記した。なぜ残ることにしたのか、その理由は書かれておらず、すべて推察の域を出ないが、理由の一つは会津若松に帰っても生活にあてはなく、一族のなかにとどまる人がいたためではなかろうか。しかしながらとどまることに決めたとしても、それでよかったのかどうか、心のなかは揺れ動く日々であった。残るも地獄、出るも地獄、会津人たちはギリギリの選択に追い込まれた。

今回の措置で唯一、開拓が認められた三本木地方（現十和田市）は、先に紹介した南部藩士新渡戸伝の開拓によって知られる広漠たる草原である。新渡戸はこの地に二千五百町歩の開田を計画、親子二代にわたり開拓を進めたが、戊辰戦争で中断、さらに新渡戸の逝去で、開拓は青森県に引き継がれていた。

三本木周辺は太平洋側に面しているため積雪も少なく、冬期間も晴天の日が多く、関係者にこならばという思いがあった。

このとき、三本木開拓を希望したのは三百二十八戸・千五百十五人である。意外に少ない数字であった。残りは三本木以外の管内にとどまるか、会津若松・東京など管外に出ることになったが、その詳細は不明である。

ちなみに『会津若松史』（第五巻）によると、明治七年の時点で、斗南から会津若松に二千六百八十二戸・一万二百七十八人がもどっており、全移住者一万七千余人の約六割が帰郷した。どんな変化があったのか、いったん三本木開拓を決めた類右衛門は五日後の四月二十日、三本木開拓を撤回する旨を青森県に申し出た。

先日、管内活計を相願い、その後、家内種々活計営業の道、申し談じ、工夫をこらし見候えども、しかるべく策もこれなく、会津若松へ出稼ぎするにしかずと家内決心し、左の通り願書出す。

御暇の儀につき願い

妻ミヨ、伜秀太郎、二男乙次郎、二女キチ

右の家族の内召し連れ、岩代国若松表へ二年出稼ぎ仕り度存じ奉り候間、御暇下しおかれたく願い上げ奉り、右の趣よき様仰せ達せられ下され度、存じ奉り候　以上

斗南ヶ丘居住

士族　荒川勝茂

出稼ぎというのは、あくまでも斗南の地に籍を置き短期間、会津若松で働き、再びもどって来るという方法である。このため全員での出起は認められず、娘のサタを笠尾八重八に預けての帰郷であった。

たとえ会津若松にもどっても生活に保障はない。失敗することもある。そのときは再び斗南の地に帰ることもあるという、やや優柔不断な結論であった。古い知り合いである北会津郡藤室村の鈴木孫吉と連絡がとれ、部屋を借りることができたことも、出稼ぎを決める上で大きかった。

いよいよもって明日、若松へ出起せんとす。よって母上の御墳墓家内一同参拝し、その他、かねて親しく致せし方へ暇《いとま》ごいをなし、家内用意をなしにける。

翌四月二十二日、斗南ヶ丘の人々に見送られて、類右衛門一家は長駆会津若松へ旅立った。同じく出稼ぎに出る宗像丈右衛門、舟木庄左衛門一家と一緒である。一人この地に残る長女サタ。家族一同、後ろ髪を引かれる思いの出立であった。

馴れぬればさすが名残を惜しむなり
　斗南ヶ丘の賤《しず》が伏屋《ふせや》も
住み慣れし里と思へばさすがまた
　斗南ヶ丘も今日ぞたち憂《う》き

類右衛門は別れに当たって、このように詠んだ。この夜は横浜に一泊、翌日は野辺地まで出た。ここから奥州街道を上り、七戸・五戸・三戸・金田一《きんだいち》・小繋《こつなぎ》を経て、五月一日に盛岡に着いた。

そこから石鳥谷《いしどりや》を通って四日は黒沢尻に泊まった。ここからは北上川の船下りである。五日、いよいよ乗船である。

船は北上川をすべるように下った。故郷の会津若松へ日々、近づくかと思うと、一家の顔がほころぶ。途中、強風が吹き荒れて船を走らせることができず、船中に三泊して八日にようやく和《わ》淵《ぶち》に上陸した。和淵は石巻《いしのまき》の船着き場である。

久しぶりに賑やかな港町を見物し、この日は広淵《ひろぶち》に泊まり、九日は日本三景の一つ、松島に泊まった。宿屋は扇屋といい、三階に登ると松島の絶景があり、心が洗われるような美しさである。

松島から原町・増田《ますだ》・大河原《おおがわら》・斎川と泊まり、いよいよ福島県である。瀬の上・八丁目・本宮を経て五月十七日、中山宿に泊まった。

懐かしい会津の山々が間近に迫った。中山峠を越せば猪苗代湖・磐梯山である。類右衛門親子の胸はいやが上にも高鳴る。母を連れてもどりたかった―類右衛門の脳裏をよぎるのは母カヨの姿であった。

五月十八日、猪苗代湖が眼前に広がる三城潟《さんじようがた》に泊まった。五月の猪苗代湖はあくまでも蒼く、背後に磐梯山が天高くそびえている。類右衛門は宗像丈右衛門、舟木庄左衛門一家と小宴を開き、お互いに長旅の労を慰めた。

類右衛門一家の寄宿先、北会津郡藤室村の鈴木孫吉とは古いつき合いであった。類右衛門の祖父の時代にオトメという女の里もとになり、孫吉の父に嫁がせたことがあった。以来、親戚づき合いをしてきた。

翌十九日、十六橋を渡ると大野ヶ原である。ここは会津戦争の激戦地である。誰が立てたのだろうか、戦没者の墓碑があった。強清水《こわしみず》で宗像丈右衛門と別れ、舟木庄左衛門とは大寺街道で別れた。斗南ヶ丘を出てから二十八日目である。費用は一日平均一円、締めて二十八円、その他合わせると約三十円であった。青森県から支給された六十円の半分を旅費で使い果たしたことになる。

この夜、類右衛門一家が鈴木孫吉方でどのような歓迎を受け、また会津若松のようすはどうだったのかなど、いっさい記されていない。これも不思議といえば不思議である。なにか意に反することがあったのだろうか。

日記は半月間空白が続き、六月五日に飛ぶ。若松県六小区の戸長宛の借家願いで、天寧寺《てんねいじ》町の中村善平方の借家を借り、六月五日付けで入居する。一戸建てではあったが、荒川家だけで借りることはできず、斗南帰りの伊与田太郎・宮田儀左衛門と一緒だった。のちに中里祐之進も来て、四世帯の同居となる。

町は斗南帰りの旧会津藩士であふれ、人々は血眼《ちまなこ》になって仕事を捜していた。このころ、旧城下の桜ヵ馬場あたりで桑の植え立ての仕事があり、類右衛門は同居の宮田・伊与田の二人をさそってこの仕事に出た。日当は二朱。この植え立てに百人余の人が出て、二十日ほどで終わってしまった。

七月一日――

職業を営んと異国へ交易のハリコ（張子）というを業とす。後、止んで傘轆轤《かさろくろ》・目立《めたて》を業とす。

ようやく捜し当てた仕事は、外国へ輸出するという張り子人形づくりと傘づくり、目立てで、貧乏士族を絵にかいたような日雇作業であった。収入も微々たるもので、食事も満足にできず、子供たちの顔色もすぐれない。類右衛門は暗然たる思いであった。

もともと会津若松には斗南への移住をこばんだ約二千の人々が残留していた。旧町内の縁故者や周辺の農村に間借りして、細々と暮らしていたのである。多くは家内に傷病者がいて、北海道や斗南の地に移れなかった人々である。この人々でさえ暮らしはやっとである。そこへ斗南からどっと出稼ぎの人々がなだれ込んで来たことになる。

若松県も大量の難民の流入に四苦八苦であった。当座の救済策は一戸当たり四十円の手当の支給と、三本木開拓資金の残額の転用である。類右衛門のように一度は三本木開拓を目指したが、家庭の事情で帰郷したケースも多かったらしく、これらの資金転用を内務省に伺い出たのである。

のちにこれが認められ、残額六万七千五百円の交付を受け、各戸に五円四十銭余を還付するが、この程度では焼け石に水である。結局は各人の自立に頼るしかなく、傘づくりや目立て作業に追われる日々であった。類右衛門の顔に疲労の色がにじんだ。

悲嘆の涙

明治七年の正月元旦が訪れた。類右衛門は嘉例の通り二日には餅を搗き、神仏に捧げ一家の無事を祈った。しかしこれといった仕事はなく、気持ちは焦るばかりである。日記も空白のままであった。

四月になってようやく日記をつけた。

宰相公東京より若松表へ御下向遊ばされ、旧人参り役場において御目見仰せつけられ、同所において御酒頂戴仕り候事。

主君松平容保《かたもり》がおそらく落城以来はじめて会津の地を訪れたのである。このとき、鶴ヶ城天守閣は従来の姿で残っており、旧会津藩主従は、感涙にむせびながら鶴ヶ城を仰ぎ見た。鶴ヶ城は間もなく取りこわされることになっており、それを思うと万感胸に迫るものがあった。

このころ、類右衛門は長女のサタも含めた家族六人の名で、青森県から若松への帰属願いを出した。斗南にはもどらず、会津若松を永住の地と決めたのである。

長女のサタがどのようにして帰ってきたのかは記されておらず分からないが、寄宿先の笠尾家の人々か、あるいは帰郷する家族とともに若松にもどってきたのであろう。ともかく類右衛門一家は全員がそろった。新規まき直し、とにかく頑張らねばと話し合った矢先、類右衛門一家にまたしても不幸が訪れる。

八月に入って長男秀太郎が痢病《りびょう》にかかった。森川春斎ほかの医師に見せ、可能なかぎりの医療を尽くしてきたが、薬石効なく十六日夜、死亡した。「実に長男を失い悲しみにたえず。同十七日、六日町宝昌寺に葬る」。類右衛門は涙ながらに長男の死を書き記した。

死亡届

　小六区天寧寺町寄留

　士族勝茂長男　荒川秀太郎　十四歳

右は昨十六日午後十時死去致し候間、この段御届け及び候なり。

　明治七年八月十六日

右戸主　荒川勝茂[印]

戸長　星　忠平殿

なんということであろうか。若松の小学校に入学、元気に通学していた長男秀太郎の突然の死であった。

痢病というのは小児特有の急性伝染病で、突然熱を発して嘔吐・下痢があり、やがて脈拍が弱くなり、痙攣を起こし、うわごとを発しながら死亡する。発病して二、三日で死亡するので「はやて」ともいわれた難病であった。秀太郎の場合は発病して十日ほど経《た》っており、果たして痢病であったかどうかは不明だが、いずれにしても斗南での生活で身体が衰弱しており、そこに細菌性の病気が重なり、生命を落としたに違いない。「実に長男を失い悲しみにたえず」──この短い文章に類右衛門の慟哭《どうこく》が込められている。長男の死は類右衛門に書く気力を失わせ、この年はなにも記していない。わずかにあるのは次の一首である。

おもひ子の通ひし野路の夕露を
　泪《なみだ》にそひて袖《そで》ぬらしけり

朝な夕な秀太郎が通った学校の道を歩いて、生前をしのんだ歌である。こうして明治七年は暮れ、明治八年（一八七五）の正月を迎える。三ヵ日はいつもの通りであった。

この年の五月、類右衛門はまたしても悲しみのどん底に突き落とされる。最愛の妻ミヨを失ったのである。もはや言葉も出ない。涙も出ない。この世には神も仏もいないのか。茫然自失、夢遊病者のように虚《うつ》ろな目の類右衛門であった。

五月十一日──

妻ミヨ儀、南部より着以来、身弱《からだじゃく》にして七年二月半産す。それより俗にいう血方に罹《かか》り、長々の病《やまい》と医療、滋養尽くせしとも漸々《だんだん》月に日に衰弱し、遂に黄泉《よみ》の客となる。ああ死生はとどめ得ず。十二日、六日町宝昌寺に葬る。

会津に帰って、これからという矢先に長男を亡くし、長男を追うようにして今度は妻の死である。享年三十八。人生はまさに無情であった。

そして翌月、今度は長女サタが病死する。類右衛門は立ちあがる気力もなく、たださめざめと泣くのみであった。

六月一日――

長女サタ区長森川誠二方へ裁縫の手伝いの頼みを得て、先年より長々行きおり候ところ、これも五月はじめ胃病に罹り、森川春斎の診察を受け、薬用《もち》いおりしが、宿に帰り床につきしに、かねて母の病を憂えしに死去を悲しみ、病ますます重くなり、飲食喉に下る能わず。種々、看病を尽くし、森川方よりも日々見舞い、種々、滋養の物を賜るといえども口に入ればただちに吐却《ときよ》す。薬もその如《ごと》し。遂に一日の夕刻、二十歳《はたち》にして死去す。十二日（ママ）、六日町宝昌寺に葬る。

長女の死は、明らかに妻の死に関連していた。心のやさしい長女は、母の死を悼み、日々、涙にくれ、食欲もなくなり、医師の懸命の治療も空しく、わずか二十歳で若い生命を絶ったのである。

類右衛門は斗南の地で母と三男を失った。斗南での苦労を乗り超え、やっとの思いで会津若松に帰るや長男の死である。続いて妻の流産、そして死、さらに長女の死である。まわりを見れば、あの戊辰の戦いで家族を失った人は多い。一家の主人が戦場に出て留守中に、家族が自刃した例が大半である。国家老西郷頼母、家老内藤介右衛門らもそのケースである。そのときは戦争の最中であり、悲しむことすらできない異常な混乱にあった。

類右衛門の場合は、一人ずつ歯が欠けるように、最愛の人々が黄泉の世界に旅立って行くのである。そのたびに悲しみにくれ、その悲しみがつぎつぎに倍加していく。どちらがより辛いかといえば、類右衛門のほうだろう。まして戦後のことである。すべては斗南での過酷な生活が原因であり、この世を呪わずにはおられなかったに違いない。

類右衛門の手元に残ったのは、次男の乙次郎と次女のキチだけになった。家族をすべて失った人に比べれば、まだ二人の子供がいる。このことがせめてもの救いだったが、故郷に帰ってなにを得たのであろうか。三本木にとどまるべきだったのか。類右衛門の苦悩は深まるばかりだった。

そうしたおり、類右衛門に転機が訪れた。小学校教員への道が開けたのだ。長女の葬式が終わって一ヵ月後のことであった。

牛袋小学校教員

私儀、今般活計《くらし》のため福島県下第八区牛袋《うしぶくろ》村箭内《やない》弥治右衛門方へ七月より十二月まで出稼ぎ

寄留仕り度存じ奉り候。よって明十一日出起仕り候。この段願い奉り候
第一大区六小区千石町分　以上
士族　荒川勝茂㊞
右副長　高田嘉介㊞

明治八年七月十日
若松県権令　岡村義昌殿

類右衛門は区長の森川誠二の世話で、須賀川《すかがわ》学校教員の第一次選考を通り、須賀川在の牛袋村に移住することになった。類右衛門は越後の高田に謹慎中も、南摩綱紀に師事して漢学を学び、また多くの門弟を抱え、斗南の地でも周囲の子供たちに漢学を教えた。その経歴を評価する人がいて、須賀川学校教員の第一次選考に合格したのである。本試験はこれからだが採用はまちがいないとの感触を得ていたのだろう。

同じ内定組の伊東新八郎と須賀川に向かう。須賀川は福島県の中通り、白河と郡山の間にある宿場町である。かつて白河で激しい戦いがあったとき、この宿場は奥羽列藩同盟軍の補給基地になり、仙台藩のからす組などが駐留していた。そうしたことで会津には同情的な土地柄である。

七月二十日、須賀川区会所から二人に呼び出しがあり、須賀川区長宗村光徳の監督のもとに、一等教員の採用試験が行われた。試験科目は読み方（万国公法・文章軌範《きはん》）、作文（記事文・往復文）、算術（珠算・割物）、習字（楷・行・草書）である。読み方・作文・習字はお手のもの、

算術も決して不得意ではない。類右衛門にとって、それほど難しい問題はなかった。

翌二十一日、履歴書を出すようにとの連絡があり、八月五日に、「明六日午前九時、出頭これあるべし」との通知が入った。

六日、須賀川区会所に行くと、区長の宗村光徳が笑顔で待っており、「福島県教員に命ず」の書状が渡された。勤務校は須賀川在の牛袋小学校である。

類右衛門にとって第三の人生の出発であった。類右衛門このとき、数え四十五歳である。類右衛門がどれほどこの採用を喜んだかは、次の一首によく表れている。

わが妻のみまかりし後、われ幸ありければ、
　世にあらば見せも聞かせもせまほしと
　　思ふにつけて袖ぬらしけり

せめて三ヵ月前にこの話があったならば、妻も長男も長女も死なずにすんだのではなかろうか。類右衛門の歌にはこんな思いも込められていた。すべての国民に対し、共通の基礎教育を行う小学校令が施行されたのは、明治五年である。翌明治六年から各地に小学校が開設されたが、福島県では多くの旧会津藩士が教員に採用された。陸奥の地も同じく、下北半島の場合、田名部・大畑・大間・川内などの各小学校の初代校長はすべて旧会津藩関係者であった。歯を食いしばってとどまった人々に朗報がもたらされたのである。

特にその名を高めたのは、田名部小学校初代校長の沖津醇《じゅん》で、沖津は明治十六年に青森県師範学校長に転じ、向学心に燃える青少年のために夜学の青湾学舎も開設、青森県教育界に大きな足跡を残す。

会津人は、当時としてはきわめて高いレベルの教育を受けており、教員としては最適であった。類右衛門にとっても、教員は願ってもない職業であった。

八月七日——

今日、午後三時、区長宅へ伊東と両人一同招かれ出《いで》候ところ、二人を座敷へ通し、申さるるには此度、ぜひ学校を隆盛に致したき趣旨に候間、御勉励の程、偏に請うところに候。なにも差してこられなく候えども粗酒一本差しあげ候とありて、種々の饗応に相成り帰宿す。

須賀川区長の宗村光徳は旧熊本藩士である。薩長人でなかったのがせめてもの救いであった。寄宿は村の有力者安田万次郎の隠居屋である。行ってみると膳椀・茶盆・茶碗みなそろっており、食事もつくってくれるという。類右衛門は大いに満足した。学校は村の廃寺を改造してつくるもので、十日からその工事に入った。類右衛門は工事につきっ切りで監督に当たった。

牛袋村は、かつて土浦藩の分領であった。土浦藩の本拠地は常陸国（茨城県）の土浦だが、分館としてこの地方の岩瀬・石川郡に十二ヵ所、七千余石の領地を持ち、陣屋もあった。この界隈の小学校は最初、須賀川に設けられ、牛袋の子供たちも須賀川まで通っていた。その後、各村々に小学校を設けることになり、牛袋小学校の創設となったのである。

九月一日――

学校普請、昨日落成につき、本日をもって開校式を執行す。臨席の役員には区長、書記、学区取締り、用掛什長、学校掛り、生徒及び父兄参集す。

待望の開校式である。類右衛門は初代校長であった。開校式は区長の宗村光徳の挨拶で始まり、次に類右衛門が立って学問の奨励と生徒の心得を述べ、終わって祝宴が開かれた。生徒には赤飯を炊いて振る舞い、父兄や村人には酒を出した。飲めや歌えの大宴会は午後五時半まで続いた。

九月二日――

本日、会所で書籍、時計・高机、その他学校用品を受け取りに出頭致し候事。

翌三日、「本日より授業す」――類右衛門の教員生活が始まった。

当時の小学校の授業はどのようなものだったか。『福島県教育史』（福島県教育会刊、昭和九年）によると、明治五年九月施行の若松・白河・二本松・福島・岩前など現在の福島県の「小学校則」は上等（十歳から十三歳）と下等（六歳から九歳）の二つがあり、授業は一日五時間、週二十時間であった。

教科の内容は読み物・算術・習字で、低学年は読み物が毎日五十分、内容はイロハ・五十音・濁音・清音・単語・連語である。算術は毎日一時間、一より千までの書き方・数え方・加減乗除など。習字は毎日五十分、字形を教えた。高学年になると読み物は、読本のほかに『日本略史』『万国地誌略』『地図』『論語』が加わる。算術は四則応用・分数・公約数・和算。習字は楷書・行書・細字などを教えた。

国民皆教育を目指す明治新政府の意気込みが感じられる盛りだくさんの内容だった。

この年、隣村の大久保・滑川にも小学校が開設された。類右衛門は宗村区長の依頼で知人の旧会津藩士鹿目吉之進・鹿目勇を二つの小学校の教員に推薦した。あわせて次男の乙次郎、次女のキチも牛袋に呼び寄せ、腰をすえて教育に取り組むことにした。

翌九年（一八七六）閏《うるう》五月、類右衛門は再婚した。

愛妻ミヨが亡くなってまだ一年だが、会津若松に住む知人の横山伝助のたっての勧めで見合いをした。身を固めなければ、仕事に専念できないと横山は説き、区長の宗村光徳も賛成した。宗村や村の人々も出席し閏五月二日、ささやかな披露宴が開かれた。

後妻は河沼郡浜崎村在住の旧会津藩士大竹良輔の長女ヤイである。嘉永二年（一八四九）七月一日生まれの数え二十八歳。ヤイは一度結婚し、娘がいた。ヤイの経歴については不明だが、おそらく夫が戊辰の戦いで戦死し、未亡人になったのではなかろうか。

翌十年（一八七七）六月十五日、ヤイとの間に男子が誕生した。秀太郎・乙次郎・乙三郎に続く四男である。類右衛門は湊《みなと》と名づけた。

類右衛門は、湊が生まれてからいっそうヤイに愛情を注ぐようになった。この年の五月、福島県士族の就産金十六円の下付があり、妻の父大竹良輔が代理で受け取り、牛袋村に持参した。ヤイは先妻の子の乙次郎とキチの面倒もよく見、一家にようやく幸せが訪れた。しかし類右衛門に痔疾の持病があり、二、三ヵ月の休養が必要になったこと、故郷の会津若松に教員の欠員があり採用の目途がついたことなどで再び郷里に帰ることになった。

明治十一年（一八七八）二月、須賀川区に辞表を提出した類右衛門は、家族とともに妻の実家、河沼郡浜崎村の大竹良輔方に移り住んだ。二年半ぶりの帰郷である。

小学校の教員

明治十一年四月三十日、類右衛門は北会津郡高久《たかく》小学校教員に命ぜられた。

郷里の高久小学校教員になった類右衛門は日々、子供の教育に専念する。しかし日記のほうは再び少なくなり、この年の十月に会津若松の七日町の阿弥陀寺に寄付金を納めたほかは、なんら記述はなく、翌明治十二年（一八七九）は一行も日記をつけていない。

明治十四年十一月、久しぶりに日記を書いた。「十一月二十日、今暁男子誕生」―五男力の誕生である。そのほか別条のことなく、翌十五年二月十二日六男四郎誕生、十一月には判任官、七等訓導に昇格、月俸八円となった。教員生活もすっかり板についた。

明治十六年（一八八三）一月二十一日は、父梅二の十七回忌である。門弟の鈴木護六が催主となって書画会が開かれた。類右衛門はこの日、次の歌を詠んだ。

十とせあまりこのとしを重ぬれど
猶よにいまぬここちこそすれ
年ごとに昔は遠くなりゆけど
へだてぬものはなみだなりけり

この年の九月、主人北原家先祖代々の位牌を小田建福寺に納めるに際し、旧家中の富田儀左衛門・佐藤運吉とともに金銭的な協力をし、明治十七年には磐越街道の建設、三方道路の開削などに寄金、十月五日には主君容保が会津若松を訪れ、旧重臣の諏訪伊助宅で御目見えした。若松在住の旧家臣たちが日夜、拝謁の栄に浴した。

容保五十歳、類右衛門は五十三歳になっており、他のすべての人も老境の域に入っていた。旧臣たちの髪は真っ白で、腰が曲がりはじめた人もいたが、射るような眼光は、依然衰えず、天下にその名を響かせた会津藩士の面影を残していた。類右衛門は主君の別邸御薬園の普請代として三円を献金、容保から酒を振る舞われ、感泣した。容保はしばらく御薬園に滞在し、翌明治十八年四月には山川浩将軍とともに東山温泉石原屋で大親睦会を開催した。旧家臣数百人が集まり、御流れの盃を頂戴し、実に賑々しい親睦会であった。このとき、容保は次の歌を詠み、類右衛門の胸をふるわせた。

会津川末かはらじともろともに
ふかきちぎりを結ぶうれしさ

明治十八年、類右衛門は神指村《こうざし》に転居した。村の人々が教員官舎として造った木の香りのする新居である。類右衛門の表情は晴れやかだった。
明治十九年七月十三日、七男誕生、栄と名づけた。孫のような七男を抱く類右衛門の目は柔和だった。七男出生を機に、類右衛門は家族の名を記した。

家内有人
左の年齢は家内の実年なり。
荒川勝茂　天保三年八月十四日生
妻　ヤイ　嘉永二年七月一日生
次男乙次郎　元治元年三月十五日生
明治十七年三月十五日志願、兵隊に遣《つか》す。工兵方七番一等卒を三年首尾相勤め、
同二十年除隊。
娘　エイ　明治元年七月二十六日生
四男　湊　明治十年六月十日生

五男　力　　明治十二年九月一日生
六男　四郎　明治十四年十一月二十日生
七男　栄　　明治十九年七月十三日生
合八人内男六人、女二人

この名簿を見て不思議なことに気づく。次女キチの名前が見当たらないのだ。結婚したという記述もなく、突然、戸籍から消えている。なにがあったか知る手がかりはない。

日記にはこの後、大要次のように身辺の出来事を記し、明治三十五年（一九〇二）九月で終わっている。


明治二十一年十月、若松栄町西沢抱屋敷へ転居。ただし、明治二十年は別条の事なし。

明治二十二年十一月、西名古屋町石田繁蔵別宅へ転居す。

明治二十三年五月十日、白虎隊の墳墓造営に寄付を納む。

同年六月、荒井銀右衛門別宅へ転居す。

明治二十四年一月五日、女子出生、ヨ子《ネ》と名づく。

同二十四年三月、四男湊、医道修業のため義弟高橋登方へ入門せしむ。同年九月十八日、七男栄、田部栄吾の養子となる。同年十月、中ノ明学校へ転居。

明治二十五年四月二十七日、五男力、夏井忠太郎の養子となる。同年十二月、藤室村の三郎宅へ移住。

明治二十六年四月十六日、藤室村より河沼郡浜崎大竹方へ移り同居す。同年十二月、六男四郎博労町太田兼吉方へ鍛冶工修業のため遣わす。同年十二月、正三位容保公薨《こうぎょ》御の御霊前へ御供物金を奉納す。

主君容保の死も、わずか一行書かれているだけである。

明治二十七年二月十九日、家内一同山崎村へ転住、荒井喜三郎方へ同居す。

明治二十八年五月二十日、正三位松平容保公御写真を拝受す。本日より家内、寺へ移住す。

類右衛門はこの写真を日記の第一ページにはった。亡くなる直前の老いた主君の写真である。類右衛門は二枚も三枚も手に入れ各冊にはった。主君の写真のなかから過ぎ去った人生が走馬灯のように浮かぶのであろう。

同年十月二十九日、「エイ儀旧金上村寿上金光方へ嫁す」。連れ子のエイの婚儀である。

明治二十九年七月十六日、三陸大海嘯、死人幾千人を知らず。拙者はじめ生徒残らず義損金を出す。同年七月二十二日、午後一時より山崎の大洪水となり流出する家五軒、浸水三十六戸。

明治三十一年十二月二十日、新宅へ引き移る。

明治三十二年七月二十日、正教員訓導免状を受く。

明治三十三年十二月、教育費の中へ金十円を寄付。

明治三十五年六月六日、喜多方上町へ転居す。同年九月二十八日、大暴風雨。喜多方地方大木、家屋敷十軒を頽し、人畜を傷つけ、古来希なる大風なり。若松地方も同断。


このあと付記として教員の履歴書、賞罰が記されている。

履歴書

福島県河沼郡笈川《おいかわ》村浜崎字澀木《せせなぎ》千八十三番地　当時同県耶麻《やま》郡慶徳村山科三千二百四十五番地
寄留

士族
荒川勝茂
天保三年八月十四日生

一、卒業証書免許状
明治十年八月十六日、福島県師範学校より小学教科試験及第証を受く。同十五年八月二十八日、教員免許状を受く。同二十八年六月二十一日、高等小学校本科准教員免許状を受く。

同三十二年七月二十日、本科正教員免許状を受く。

一、学業

天保九年十月より天保十三年九月まで北会津郡若松、藤沢大八郎に就き書学修業、一等に進む。

天保十三年十月より北会津郡若松旧学館日新館へ入学。松原外之助、鹿野留之助に就き、嘉永三年八月まで漢学修業、大学生に及第、日新館講釈所を許さる。

天保十四年より北会津郡若松、吉川八之進に就き、弘化二年十二月まで珠算修業。

弘化三年一月より同若松郡野矢常方に就き、歌学修業す。

明治二年三月より同三年四月まで南摩羽峯に就き、漢学修業す。

明治十五年五月より七月三十日まで三ヵ月間、福島師範学校訓導刈宿中衛に就き、須賀川学校において小学校教員学科を講習す。同二十一年八月一日より三十日間、会津中学校において東京高等師範学校訓導松本貢に就き小学校教員授業法を講習す。

一、職務

明治二年二月より四月まで越後高田において諸生に漢学修業方取立役申付けらる。

明治四年三月より同五年十月まで南部斗南ヶ丘学校教師申付けらる。

明治八年八月四日、岩代国岩瀬郡須賀川において授業生に拝命、牛袋小学校在勤に命ぜられ月俸六円。同十一年二月、病気につき依願職務差し免ぜらる。

明治十一年四月、北会津郡高久小学校雇生に命ぜらる。月俸七円。

明治十五年十一月二日、任七等訓導高久小学校在勤に命ぜらる。月俸八円。

明治十八年七月、神指分校へ在勤に命ぜらる。同十九年九月四日、免許状有効満期につき本官を免ず。同十九年九月十日、神指分校雇生申付けらる。同二十年七月七日、北会津郡上三寄《かみみより》尋常小学校へ授業生に拝命、月俸五円。同二十一年四月五日、北会津郡高瀬尋常小学校へ授業生に拝命、月俸五円。同二十三年十二月十八日、北会津郡上高野尋常小学校へ授業生に拝命、月俸五円。同二十五年五月四日、北会津郡湯川簡易小学校へ授業生に拝命、月俸四円。同二十五年十二月二十七日、北会津郡東山尋常小学校准訓導に拝命す。明治二十六年十一月、耶麻郡慶徳尋常小学校准訓導に拝命す。月俸五円。同三十年四月八日、月俸一円増給。同三十年六月二十三日より明治三十一年三月三十一日まで本科正教員勤務を拝命す。

明治三十一年十月二十一日、年功加俸証書拝受。同三十一年三月三十一日より明治三十二年三月三十一日まで本科正教員勤務を拝命す。同三十二年三月三十一日より明治三十三年三月三十一日まで本科正教員勤務を拝命す。

明治三十二年十月三十一日、任訓導、月俸八円。同三十五年四月二十五日、月俸拾円に増給。同三十五年五月二十二日、老年職務堪《た》えがたく退職を願い、本日願い指令になる。

一、賞

明治十一年二月、牛袋小学校在勤中、職務勉励につき酬労金三円給せらる。

明治十九年九月、訓導満三ヵ年勤続につき酬労金として拾円五十銭給せらる。同二十三年十二月二日、高瀬尋常小学校在勤中職務勉励につき、慰労として金二円給せらる。同二十九年十二月十六日、当慶徳尋常小学校職務格別勉励につき、金八十銭給せらる。同三十年十二月十四日、同校職務格別勉励につき金一円賞与せらる。明治三十一年十二月二十六日、同校職務格別勉励につき金五十銭賞与せらる。同三十二年十二月二十五日、同校同断につき金一円賞与。同三十二年十二月二十三日右同断につき金一円賞与。同三十三年十二月二十八日右同断につき金五十銭賞与。同三十五年一月二十日、同校同断につき金一円貨与。

一、罰

かつて受けし事なし

右之通り相違これなく候也

荒川勝茂［印］

一、追加

明治三十五年六月十四日、在職中格別勉励につき金三円賞与せらる。

明治三十五年六月二十七日、給与金三十三円六十銭、右市町村立小学校教員退隠料及び遺族扶助料法によりこれを給せらる。

第九章

怒りと悲しみ

▶荒川類右衛門一家（左から二人目が類右衛門）〈明治 39 年撮影〉

検証『明治日誌』

荒川類右衛門とは、どんな風貌の男だったのだろうか。写真がないか、孫の荒川勝さんに聞いてみた。しばらくして荒川さんから返事があった。一枚見つかったというのである。

荒川さんが持参した古ぼけた写真（中扉に使用）を手に、私は感無量であった。代々荒川家に伝わる葵貞次の長刀であろう。刀を背に類右衛門がいた。槍で一突のもとに敵を斃《たお》した武士の面影が目もとのあたりにあった。背筋をピンと伸ばし、文人というよりは古武士の風格であった。若いころは均整がとれ、知的な目をしていたのではなかろうか。そんな気がした。

写真の裏には明治三十九年湊一家とあり、類右衛門数え七十五歳のときである。かたわらに後妻のヤイ、その右が四男湊と妻のヒデ、孫の俊子、前にいるのが五男力、左が六男四郎である。類右衛門を囲む息子たちは皆、胸を張り、父に敬意を払っているようすがうかがえた。

勝さんは湊の長男である。

「私が生まれたとき、祖父はもう亡くなっていました。立派な祖父でした」

勝さんのじっと写真を見る目にうっすらと涙が光った。

写真を見ていると、類右衛門と同じ時代に生き、この会津の地でひっそりと息を引き取った一人の老人を思い出す。旧会津藩家老の西郷頼母《たのも》である。この人は明治以降、名を保科近悳《ほしなちかのり》と改めていたが、かつては会津藩に西郷ありと知られた人物であった。

しかし主君容保とは意見が合わず、容保に京都守護職の命が下ったときも思いとどまるよう色をなして諫言《かんげん》した。

「いまのとき、この至難の局に当たるは、所詮薪《たきぎ》を背負って火を救うにひとしく、恐らくは労多くしてその益なからん」と、激しい口調で反対した。しかし藩論は京都守護職就任を決めており、西郷は家老を免職させられる。戦いが会津国境に迫るや、和議を唱えるが、実現は難しく、西郷も白河口の軍事総督として出陣する。しかし、予想外の大敗を喫し、奥羽列藩同盟崩壊のきっかけをつくる失態を犯してしまう。

白河の関には仙台・会津連合軍三千がいて三ヵ所に砲陣を敷き、防衛を固めていたが、伊地知正治を参謀とする数百の薩長軍は、狙撃兵をひそませて奇襲攻撃をかけ、わずか一日の戦闘で白河城を奪い取ったのである。

この敗戦は西郷一人の責任ではない。戦いに不慣れな仙台兵が周章狼狽し、あえなく一角を破られたことも大きい。しかし、防衛の責任は会津藩にあり、その長たる西郷に非難が集中するのもやむを得ないことであった。西郷は再び家老職を追われる。

会津軍は副総督横山主税以下数百を失い、西郷は虚ろな表情で会津若松にもどり謹慎する。敵が会津城下に攻め入るや、西郷は長男吉十郎を連れて籠城する。残る家族はことごとく自刃、類右衛門も家族の殉難を目撃する。自刃したのは西郷の母・妻・娘五人・妹二人の九人で、これに一族の西郷刑部家四人・西郷寧太郎家四人・沼沢七郎家四人の計十二人が加わった。

登城した西郷は「城はとても持ちこたえられぬ。城に火を放ち、主君はご自害なされ、わも刺し違えて死ぬ」と全員玉砕を叫び、「このような事態になったのは諸君たちの責任だ」と批判し、城から追放される。そして箱館まで逃れ、明治の世を迎える。

戦後はしばらく古河藩に幽閉されていたが、許されて日光東照宮の禰宜《ねぎ》となった。宮司はかつての主君容保である。二人はなにを語り、なにを嘆き、夜ごとの月を眺めたであろうか。晩年は十軒長屋と呼ばれる会津若松の小さな長屋に下女のお仲と住み、明治三十六年四月、脳溢血のため七十四歳の生涯を閉じる。類右衛門一家が写真をとる三年前のことである。

あひづねの遠近人に知らせてよ
　保科悳窓今日死ぬるなり

これがあとに遺された辞世の歌である。自分の死をなるべく多くの人に知らせてほしいという願いも空しく、類右衛門の日記にもただの一行も出てこない。葬儀も寂しいものだったという。西郷に比べれは、類右衛門の身分ははるかに低いが、それぞれの時期に精いっぱい生きたという点では、西郷よりも充実した生涯であったといえよう。深く愛した最初の妻と二男一女を失った悲しみは深いが、後妻のヤイとの間に生まれた五人の子供と孫に囲まれ、小学校の教員という聖職に就き、誇りと幸せを感じる日もあったに違いない。類右衛門の没年は明治四十一年（一九〇八）八月九日、享年七十七。教員を辞めてから約六年、悠々自適の生活だった。

出処進退

類右衛門の『明治日誌』に見られる会津藩の悲劇は、一万数千人の藩士と家族すべてに及ぶ痛恨事であった。それだけに戊辰の敗戦に続く斗南の失敗は大きく、当然のことながら斗南藩首脳の責任問題に発展する。

斗南藩首脳の責任のとり方は、三つに大別される。一つは東京に出て、明治新政府に仕官、おのれの地位を築き、なんとかして会津の子弟を救いあげようとする道である。その代表は会津藩軍事総督を務め、斗南藩大参事の要職にあった山川浩である。類右衛門の日記にも山川浩は何度か出てくる。

山川は「まえがき」に書いたように、斗南藩が廃藩置県で消滅したのち、陸軍に入り、少将に昇進するが、朝敵会津の出身とあって、それ以上の出世は望めず、教育界に転ずる。この間、旧会津藩子弟の教育に努め、その門下から柴五郎（陸軍大将）、柴四朗（作家、衆議院議員）、高嶺秀夫（東京美術学校校長）、井深梶之助（明治学院総理）らを育てるが、なんといっても山川を有名にしたのは彼の弟や妹たちである。

弟健次郎は東京帝国大学のほか九州帝国大学、京都帝国大学総長等を歴任する。末の妹の捨松も、わが国初の女子留学生としてアメリカに留学、帰国後、英語を自由に話せる才色兼備の才媛として注目を集め、鹿鳴館の華として活躍する。夫はかつて会津を攻めた薩摩の大山巌《いわお》である。

すぐ下の妹操は友人の小出鉄之助に嫁いだが、小出が佐賀の乱で戦死したため、一転、ロシア留学、帰国後宮内省女官を務める。

この山川家のもとに東京会津会が結成され、会津の人脈が形成される。やがて昭和三年、主君容保の孫娘松平節子が大正天皇の第二子秩父宮と結婚、会津藩は青天白日の日を迎える。会津人の心の支えとして山川はよくがんばったといえよう。晩年は貴族院議員に選ばれ、明治三十一年二月、五十四歳で没した。

第二の生き方は、陸奥の大地に残ることによって責任をとった人々である。代表は斗南藩少参事の広沢安任《やすとう》である。斗南に移住した旧会津藩士は、大半が陸奥の地を脱出、会津若松をはじめ東京、北海道に新しい生活を求めたが、広沢は敢然と下北の大地に挑戦した。

積極的に斗南移住を説いた広沢だけに逃げることはできない。広沢が取り組んだのは牧畜で、明治四年、青森県三沢郊外の谷地《やち》頭《がしら》に二千三百九十余町の土地を借り受け、開牧社を設立する。

広沢は会津藩公用方の重臣として諸藩に知られた人物で、薩摩の大久保利通とも昵懇《じっこん》の関係にあった。その大久保の支援もあってイギリス人ルセー、マキノンを雇って牧場の造成を進め、明治七年には牛三百頭・馬二十七頭・豚六十五頭を所有する牧場主となった。下北に残った会津人は広沢を精神的な誇りとし、各地の小学校教員・町村の首長・職員として頭角を現す。広沢はみずからの実践で責任をとったといえよう。

第三の生き方は、同じく斗南藩少参事永岡久茂に代表される反乱である。廃藩置県後、一時青森県田名部支庁長の職に就いたがまもなく上京、旧薩摩藩士の海老原穆《ぼく》らと『評論新聞』を創刊、明治新政府攻撃に立ちあがる。

同じく新政府に反目する旧長州藩士前原一誠《まえばらいっせい》、奥平謙輔と意を通じ、政府転覆の実力行使に出ることを決意、明治九年十月、萩と東京で同時蜂起を図る。萩の乱と思案橋事件である。

萩の乱は徴兵令、廃刀令に反目する旧士族の反乱で、萩在住の旧士族二百数十人が決起、萩の陸軍造兵廠から武器・弾薬を奪って官兵に対したが、結局鎮圧され首謀者は死刑に処せられる。

同時蜂起の思案橋事件も結果は無残であった。明治九年十月二十三日、前原一誠から永岡のもとに一通の電報が届いた。「クマニシキノミセヒラク」（熊錦の店開く）これは前原の決起、熊本神風連《じんぷうれん》の乱を知らせる暗号電報である。これを受けて永岡が返電を打った。

「ニシキノミセヒラクハコンニチ」（錦の店開くは今日）永岡の決起に参加したのは中根米七・竹村幸之進・木村信次・中原重義・井口慎次郎ら旧会津藩士十数人である。

永岡らの計画は密かに東京を脱出して千葉県に向かい、千葉警察署の会津出身者を味方につけて県令を血祭りにあげ、さらに佐倉の鎮台に夜襲をかけ、宇都宮に進撃、東北各地の不平士族を糾合し、ゆくゆくは会津若松に立て籠り、新政府に抵抗しようとしたのである。

この決起には旧鳥取藩士松本正直や鹿児島士族満木清繁らも加わっており、内部から情報がもれ、東京日本橋小網一丁目の思案橋で逮捕されてしまう。永岡らは取り押さえに向かった警官と斬り合いになり、中根米七を除く全員が捕らえられ、決起は砂上の楼閣と帰した。

千葉警察署長千葉寛六郎は旧会津藩士で、かつて中根米七と昵懇の関係にあったが、その程度で決起に加わるとは考えられず、無謀といえた。永岡は乱闘の際、誤って味方に腰を斬られ、獄死する。享年三十九。新政府に刃向かうことで、斗南藩失敗のけじめをつけたといえなくもない。

もう一つ、形が違うが第四の生き方がある。類右衛門のように、故郷の会津若松にもどった人々である。官公省は薩長土肥の出身者によって占められ、教員を除いては働く場もなかったが、そうしたなかで注目されるのは、旧家老の海老名季昌《すえまさ》と妻のリンの生き方である。季昌は天保十四年の生まれ、会津戦争のとき、二十五歳である。父季久の仕事の関係で、上総や蝦夷地で過ごし、京都常詰めを命ぜられ上京する。将軍慶喜の実弟昭武がパリの万国博に派遣されるやその随員に選ばれ、一年にわたってヨーロッパを視察する。

戦後は加賀藩に幽閉され、のちに警視庁に勤務、警部補になるが、山形県令三島通庸《みしまみちつね》に見出だされ、山形県警部に転じ、三島が福島県令になると、福島県庶務課長・信夫郡長・北会津郡長を務める。三島が警視総監に転ずると再び上京、警視庁警部となるが、明治二十五年、職を辞して帰郷、会津若松町長を務める。妻リンは若松幼稚園・私立若松女学校を開設し、地域のために尽くす。

会津若松の市政施行は、明治三十二年四月である。その準備に当たったのが海老名で、会津人の手による町政を目指して努力していた。

海老名は長く加賀藩に幽閉されていたため、斗南藩政に加わっておらず、その意味では責任を問われないが、郷里のために尽力した姿は貴重である。海老名は地元における数少ない成功者という意味で、羨望の声もある。薩摩藩士三島通庸の庇護を受け立身出世したという批判である。ねたみ・そねみといってよい。明治の社会でなにかをしようとすれば、山川や広沢もそうだが、明治新政府とどこかで妥協しなければならない現実があった。

斗南移住に猛反対し、永岡久茂とあわや斬り合いになった町野主水《もんど》も大沼郡長を務め、会津藩家老で抗戦の責任を負って自刃した萱野権兵衛の息子三淵隆衡も県内各地の郡長を務めた。以上の人々は、なんらかの意味で後世に名を残した人ばかりだが、大半の藩士たちは、苦難の生活を強いられ、薄幸の生涯を終えた。

明治から大正・昭和へ。会津戦争の傷跡も次第に風化し、類右衛門が『明治日誌』のなかで書き連ねた会津藩の怨念も歴史的な事実として残るだけとなった。いつの日かこの日誌の全文が刊行されることもあるだろうが、孫の勝さんには、当面、その考えはないという。「これは荒川家だけの小さな歴史、祖父は他見を禁ず、と書いていた。私はそれを守るだけ」と語る。地方史の編纂は全国各地で行われ、明治戊辰史についてもさまざまの研究があり、数多くの新しい資料も公開された。しかし、類右衛門の『明治日誌』のように、隠された資料も数多いに違いない。それらが発掘されるたびに歴史は新しい顔をつくる。荒川類右衛門勝茂、明治の世を懸命に生きた一人の会津藩士は、私たちに敗者の明治維新とはなにか、家族の絆とはなにか、人生とはなにかを考えさせる秀れた記録を残してくれたといえよう。

第二部　幕末維新史を問い直す

はじめに―戊辰戦争とはなにか

平成十年（一九九八）のことである。戊辰戦争百三十年を機会に秋田でシンポジウムが開かれ、幕末、維新に関するさまざまな問題が討議された。

問題の第一点は、なぜ東北、越後は朝敵なのかである。

一度も朝廷に弓を引いたことのない会津が、なぜ朝敵なのか。これは謀略ではないか。それを明らかにし、歴史を書き直せというのであった。

第二点は奥羽越列藩同盟の性格である。これは薩長連合政権と対決する政治・軍事結社であり、東日本政権と呼ぶべきものである。決して烏合の衆ではない。会津藩が降伏し、列藩同盟が瓦解するまでの期間、日本には二つの政権が存在したのだ、この事実を認めるべきだ、という主張である。

第三点は列藩同盟の中核となった会津藩に対する過酷な報復攻撃である。武器弾薬、食糧が欠乏し、飢えに苦しむ籠城の兵士と家族に無差別砲撃を加え、城外も含めて三千人以上を虐殺したという点である。明治以降、アジアを侵略した醜い日本人の原形がこの戦争にある。その実態を直視すべきだというのである。

第四点は戊辰戦争のあと、東北を賊軍として扱い、長期間にわたって差別をしたことである。これらが問題として提起された。

戊辰戦争の定義については、見方がいくつかに分かれているが、吉川弘文館の『国史大辞典』の記述は、一つの目安となろう。

「明治元年正月三日に始まる鳥羽・伏見戦争から上野戦争、そして北越戦争、東北戦争、さらに翌二年五月に終わる箱館戦争までの戦争の総称。明治元年は干支《えと》で戊辰の年に当たるので、この呼称がつけられている」

とある。この戦争はもっと簡潔にいえば、日本の政治体制をめぐる内乱であった。

なぜ内乱が起こったのか。

鎖国を敷いていた日本にアメリカ艦隊の黒船が現れ、日本が国際化の波に洗われたことが発端だった。

幕府、つまり当時の日本政府は開国を決断したが、西南諸藩や水戸藩の浪士たちが「日本は神の国であり、異国に門戸を開いてならぬ」と攘夷運動を繰り広げ、京都は騒乱状態となった。なぜ京都か。朝廷も攘夷を強く支持し、若手の公家もこの運動に加わったためであった。

このとき京都の治安維持のため京都守護職というポストが新設され、東北の会津藩主松平容保《かたもり》が選任され、会津藩士約一千人が上洛した。これが幕末維新史に会津藩が登場するいきさつである。

これは激動の日本史の始まりでもあった。やがて薩摩と長州は薩長連合を組織して討幕に転じ、朝廷勢力と手を結び王政復古のクーデターを断行し、将軍徳川慶喜を京都から追放した。

薩長連合政権、革命政府の誕生だった。幕府がこのような形で転落したのは、あるときは攘夷に理解を示すなど場当たり的な政治に終始し、国際化時代にふさわしい日本像を打ち出せなかったためであった。革命政権の常として、旧体制を一掃するための生け贄が必要だった。

そのターゲットが会津藩だった。会津は朝敵として糾弾され、反発した東北、越後の諸藩に旧幕府の陸海軍も加わり、北越戊辰戦争、東北戊辰戦争が起こった。しかし戦いに敗れ、東北、越後は長く朝敵、賊軍とさげすまれた。それが明治維新前後の歴史だった。

第一章

日本近代史の見直しが求められている

▶会津戦争錦絵（松平容保を囲んで梶原平馬〈右〉と内藤介右衛門〈左〉）

会津のロンゲストデー

この十数年前まで明治維新論は、偏見に満ちたものだった。

明治維新の発端となったのは戊辰戦争である。その解釈は東北や越後の感情を無視したものが多く、勝てば官軍式の戦争論が横行していた。

その内容は東北・越後が連合して結成した奥羽越列藩同盟は、遅れた封建領主のルーズな連合体であって、なんら将来に対する展望はなかったというのだった。

勝った者が正義という歴史観であった。

その端的ないい方が官軍という言葉である。

官軍とは官、つまり国家の軍隊、天皇の軍隊、イコール正義の軍隊という意味だが、同じ日本人を官軍、賊軍の二つに分けてなんら不思議と思わなかった。

それは王政復古論、勤王史観という歴史観である。それに反対した者は朝敵、賊軍と決めつける偏った歴史観だった。

雑誌「新潮４５」（平成四年十月号）に『会津人の書く戊辰戦争』という勝れたリポートが掲載されたことがある。

戊辰戦争に敗れた会津人の心情を鮮やかに描き、既成の明治維新論に反旗を翻した。

著者の宮崎十三八《とみはち》氏は、もう鬼籍に入られたが、会津藩を書く人は誰でもが宮崎氏の世話になった。司馬遼太郎もその一人である。宮崎氏は『街道をゆく』や『余話として』などいくつかの作品に、会津若松のM氏というイニシャルで登場している。たとえばこんな具合だ。

「先日、思い立って会津若松へ行った。私が住んでいる大阪からは、会津という土地はいまなお遠い。以前は、東京で一泊して息をついたあと、上野から汽車に乗った。こんどは、新潟まで飛行機で行った。会津若松市の旧知のM氏が教えてくれたので、その経路をとることにしたのである。

会津若松では、M氏と久闊《きゅうかつ》を叙しあった。私から持ちだした話題のほとんどは秋月悌次郎《ていじろう》のことで、これはM氏に会うたびにつねにそうであることに気づき、途中でわれながらおかしくなって笑ってしまった。M氏は四十過ぎの年齢で、いかにも会津人らしく謹直なひとである。私は自分自身がおかしがっているのだが、M氏はその笑いに乗って来ない。きまじめな調子で、『秋月韋軒《いけん》（悌次郎の号）のことをお書きになるのですか』と、私に聞いた。『とても、そんな』と私は手をふった。以前にもこんなやりとりをM氏との間でかわしたことがある」

この文章は昭和四十九年十二月号の「オール讀物」に掲載したものだった。お互いにまだ若かった時代のもので、謹直な会津人、それが司馬遼太郎が見た宮崎氏だった。

宮崎氏の未亡人よし子さんは「司馬先生からはよくお電話をいただきました。手紙やはがきも何通かいただきました。わが家の家宝です」と語ったことがある。

交流は随分長きにわたったようであった。

宮崎氏は作家と縁の深い人で、旧制新潟高校の学生のとき、一級上に樺太から来た綱淵謙錠がいた。後年、歴史作家となった綱淵謙錠は宮崎氏が提供した史料を使って『戊辰落日』や『苔《たい》』などを書いている。

私も宮崎氏には大変お世話になった。非常に温厚な人で、この人が感情を乱したことは一度も見たことがなかった。会津人というと昔から「会津っぽ」といわれ、「薩長は許さぬ」などと頑固なことをいいがちだが、宮崎氏からは、そうした言葉は聞いたことがなかった。ところが『会津人の書く戊辰戦争』を読んで仰天した。明治維新は欺瞞に満ちていて、とても認めることはできないと、その理由を激しい言葉で書き連ねていた。

具体的に明治維新のどこが、どう欺瞞に満ちているのか。

会津若松では戦争というと、太平洋戦争ではなく、戊辰戦争をいうことが多い。確かに会津若松の人々は薩長軍が怒濤のごとく攻め込んだ慶応四年（一八六八）八月二十三日のことをまるで昨日のように語り出す。宮崎氏も同じだった。

八月二十三日は、会津戦争最大のロンゲストデーだった。

私は攻め寄せてきた軍隊を自称官軍、本質薩長軍と呼んでいるが、宮崎氏は西軍と呼んだ。

私も以前、薩長軍は西軍、東北軍は東軍と書いた。この呼び方がベターだという歴史家も多いが、私はある時期から東軍、西軍という呼び方をやめた。

歴史的な事実として、そういう呼び方はなかったし、東軍、西軍ではあまりにも漠然として戊辰戦争の実態が鮮明に浮かんでこないためであった。

官軍、朝敵、賊軍はもちろん論外である。そこで私は実態に即して東軍は列藩同盟軍、西軍は薩長軍と呼ぶようにした。薩長軍というと薩摩と長州だけと受け取る向きもあるので、それは薩長連合軍の意味である。

前置きはこのぐらいにして、宮崎氏の文章を拝読しよう。

「若松城下に襲いかかった薩摩、長州、土佐、肥前の西軍は土佐兵を先頭に城下の各町に殺到し、抵抗する会津兵はもとより、武士、町人百姓、老若男女の別なく、町のなかにいた者は見境なく斬られ、打ち殺され、あるいは砲弾の破片に当たって死んだ。

若松の町人たちにとっては、この朝突然の出来事で、篠つくような雨のなかを燃え上がる炎の人家を脱して、われ先に逃げた。赤子を背負った女が路上に倒れ、赤子は声をからして泣き叫んだが、母は動かなかった。群衆は銃弾に追われるように逃げ、悲鳴をあげて走り続けた。

また武家の屋敷では、婦人たちが戦う夫や父や兄弟らの足手まといにならぬよう、存分の働きを祈って、前から用意した白装束に着がえ、集団自決をした。腕のなかで笑う子に泣いて刃を向けなければならない母親もいた。屋敷のなかは煙が充満し、火の手が迫った。そこにまた砲弾が炸裂した。至るところで阿鼻叫喚、修羅場はたちまちこの世の地獄となった。攻める者は血を見ると、怪鬼《かいき》のように快感を覚えて、人影を見れば、撃ちまくった。

この日の地獄の展開は、一瞬にして十万余人の生命を奪った広島、長崎の原爆の惨劇に及ばなかっただろうか。

犠牲者の数が少なかったにしても、恐怖感でぞっとなって立ちすくむ女児の後ろから阿修羅の刃が襲ってくるのだから、銃弾に当たってぶっ倒れ、何時間後かに出血多量でこと切れた遺体は、秋の彼岸すぎから翌春の雪どけまで、ドブのなかに顔を突っ込んだままになっていたのだから、広島、長崎のピカドン地獄と、そんなに違わなかったと思う」

宮崎氏の文章は、このような言葉で始まっていた。

宮崎氏は敵軍の残虐行為の数々を書き、この日は広島におけるピカドンと同じで、永遠に忘れることはできないと強い口調で訴えた。それから明治新政府の戦後処理について怒りをあらわにした。

「賊軍の死骸には手をつけるな」

という厳しい命令が出され、千数百の遺体が城下に放置され、野犬や烏の餌食になった。せめて白虎隊の少年だけは埋葬したいと、飯盛山《いいもりやま》の農民が遺体を埋葬すると、捕縛、投獄された。こんな馬鹿なことがあるか。宮崎氏の文章は火がついたような激しさだった。文章はそれだけでは終わらなかった。

会津藩士とその家族は戦後、遠く青森県の下北半島や三沢、五戸と旧南部藩の領地に流され、老人や子供が飢えのためにバタバタと命を落とした。こんなことが許されていいのか。大正時代に入っても日本政府は会津に冷淡で、鹿児島や山口には旧制の高等学校が設置されたが、会津若松には高校はおろか専門学校もできなかった。これほどの差別があるだろうか。宮崎氏は嘆き、会津を征伐せよとの密勅は薩長がでっちあげた偽勅であり、今日、それが明らかになった以上、会津藩に対するいわれなき汚名は、償ってもらわねばならないと声を荒げた。

「現政府に損害賠償の訴訟請求を起こすべきか」

宮崎氏がこう悩むところで、このリポートは終わっていた。

宮崎氏は大正十四年（一九二五）、会津若松市に生まれ、旧制会津中学校から旧制新潟高等学校に進んだ。現在の新潟大学である。

東大経済学部に進学を希望していたが、体調を崩して断念、会津若松に戻って高校の教師になる。その後、会津若松市の職員になり、最後は商工観光部長を務めた。

宮崎氏を引き立てた当時の横山武市長は「宮崎さんは東大進学をやめて地元に戻ってきてくれたので、私は大変、助かった。頭のいい人がみんな東大に入って官僚になっては地方が困る」といったことがあった。これは名言だった。宮崎氏はいい上司にも恵まれていた。この市長は落城した鶴ヶ城を再建したことで知られる。

宮崎氏の編著書に『私の城下町』『会津の史的な風景』『会津戊辰戦争史料集』『保科正之のすべて』『会津の観音信仰』など多数があり、会津史の研究にはどれも欠かせない。

会津人の怨念

会津人の怨念とは一体、なんであろうか。

平成十一年（一九九九）十月に会津若松市市制百周年記念事業の「会津歴史フォーラム」でさまざまな声が出た。

会津人が正史と呼ぶ歴史書がある。『会津戊辰戦史』である。

この本は白虎隊士から東京帝国大学総長に上りつめた山川健次郎の編纂である。昭和七年（一九三二年）に発刊されたもので、緒言に発刊の趣旨が大要次のように書かれている。

「本書は慶応三年十月、大政奉還より筆を執れり。会津藩に関する維新前の事跡は郷人山川浩氏の筆になる京都守護職始末である。明治戊辰における会津史実に関しては幾多の著述あれども、いずれも多少不完備の誹《そし》りは免れない。要するに史料の収集選択が十分でないためである。旧会津藩主松平家が若干の編集費を寄付し、会津人古河末東氏が編集主任となり、数年を経て脱稿に至れり。しかし不十分なところもあり、大正十一年十月、有志が松平邸に集まり、会津人男爵山川健次郎が責任者となり、山川男爵が子細に校閲して、反復討論を重ねて修正を加え、完了に至れり」

会津戊辰戦争を研究する場合、この本はバイブルといってよい。

この本に「敵軍の暴掠《ぼうりやく》」という一章がある。これは当時の目撃談を集めたもので、次のようなことが書かれてあった。

一、敵軍は王師などと称していたが、敵は野蛮な行為がはなはだしく多く、商工農を問わず家財の分捕りは公然で、大標札を建て、薩州分捕り、長州分捕り、いわく何藩分捕りと記し、男女老幼を殺戮《さつりく》し、強姦を公然のこととし、陣所下宿に市井人《しせい》の妻娘を捕らえて来て侍《じ》妾《しょう》とし、分捕りたる衣食酒肴に豪奢をきわめたことは、当時、人々の目撃したところである。

一、若松愛宕町の呉服店及び質店森田七郎右衛門の土蔵は薩州隊と肥前隊で分捕りを争い、薩州隊は自隊の不利を憤り、爆弾を投じて土蔵を破壊し、彼我なんら得るところがなかった。その後、森田はこの焼け跡から灰をかき分けて金塊を得たそうである。

一、若松大町より東の町々は早くから官軍の営となり、薩長をはじめ諸藩の隊は家財や焼け残りの土蔵に分捕りの表札をかかげた。避難から立ち返った人々は相当の代償を払って、西軍より家財を買い戻した。しかし遅く帰った者はなにもなくなっていて、買い戻すことはできなかった。

一、分捕りと名づけて土蔵を破り、艱難至極して途方にくれている人々の品物を盗み取る行為は、まことにもって嘆かわしい限りである。

一、他人の土蔵に入れておいた大釜二組と小釜数個は薩州二番隊の分捕りにあい、大いに驚いて番兵所に出頭し、渡すよう請うと、金六両差し出せという。持ち合わせがなく金を工面して翌日行くと、某村の肝煎《きもいり》山口某の売約済みになっていた。偶然来合わせた肝煎山口某に交渉して、ようやく買い戻すことができた。

一、十月十五日ごろ各村に一揆が起こり、農兵は手に手に鋤鍬鎌《すきくわかま》などを携え、非道の聞こえある村長の家を打ち壊し、放火し、その家の帳簿や手形証書を取り出して焼却し、または金銭を奪って貧民に投げ与えた。平素、村民を厚遇し、人望のある村長はその災難を免れたが、驕慢《きょうまん》無慈悲で、官軍の例にならい分捕りをした村長は一家丸焼けになった者もいた。山口某も焼け残った土蔵を焼き討ちされた。

一、会津の家中は大小の腰のもの二十、三十を持たぬ家はなく、なかには五十や百も持っていた。金銀を惜しみなく使った細工物もあった。なかには大金を井戸のなかや泉水に投げ込んだ家もあった。

これは薩長軍が競いあうように、略奪暴行を繰り広げていたという告発であった。あまつさえ婦女子をつかまえて妾にし、家財道具を勝手に売りまくって現金を稼いでいたということは泥棒の軍隊ではないか、とても官軍、国家の軍隊とはいえない。会津人はそのことを子供や孫にいい伝えてきた。

籠城する会津軍の兵士のなかには、妻女が囚われたことを知って自暴自棄になり、敵に突っ込んでいった者も多かった。会津攻めの薩長軍参謀、土佐の板垣退助は後年、自由民権運動の闘士となった。

「板垣は、板垣死すとも自由は死せず、と叫んだ自由民権の闘士とされているが、私は信用していません」

生前、宮崎氏が板垣を批判したことがあった。こんな略奪行為を許しておいて、なにが自由民権運動なんだという宮崎氏の怒りは、もっともであった。

板垣に幾分同情するとすれば、板垣は長州のダミーであり、薩摩兵はもちろんのこと長州兵をコントロールすることは不可能だったことである。板垣にはさほど権限がなかったのだ。

分捕疫病

この略奪暴行に関する史料は、私が住む郡山《こおりやま》の周辺にも数多く残っている。

郡山市は会津若松市の入り口に当たる。東北新幹線は郡山で降りて磐越西線に乗り換える。東北自動車道も郡山から磐越自動車道に乗り換える。会津若松への道は新潟、日光からもあるが、オーソドックスなのは、郡山から入る道である。

会津戦争のときも薩長に土佐を加えた主力部隊は、郡山から会津に攻め入った。攻め入る際、郡山周辺の農村から弾薬や食糧の運搬のために大量の人夫が動員された。その人夫たちが略奪を目撃し、自分たちも略奪行為に加わっていたのである。『戊辰戦争会津東辺史料』にこのことが収められている。

「七月二十六日、官軍討ち入り後は日々の兵糧の擔荷人足として十五歳から六十歳までの男子は村内残らず引き出された。この節は会津若松までが多く、馬十二匹を紛失した。会津での分捕りは言語に絶し、人足も一人で十両、二十両を分捕った」

これは三春藩領堀越村の蔵五郎が知人に宛てた手紙である。人間とはいかに冷酷無比で、情け容赦のない生きものなのか、いささか嫌悪感にとらわれる。

郡山の旧多田野村の『増戸治助翁聞書』にある分捕りの記録は、さらに微に入り細にわたる。

「会津落城後は官軍の命により分捕品と称して、馬につけるほどの家財道具を自分の家に運んで帰っていった。敗戦国会津はまことにお気の毒で、無情なことであった。そのときの分捕鉄瓶を今でも使っている人がいる。人夫がなにか不平がましいことをいうと、官軍は『そげんことを申すと薩州侯に申し上げるぞ』とにらみ、刀に手をかけた。恐ろしくてなす術もなかった。明治二年春に会津以外の地方で病気が流行《はや》った。これを里人は『分捕疫病』といった。いまの腸チフスである。これは私が子供の頃、人夫で出かけた祖父より聞いた話である」

分捕疫病という言葉まで流行ったというのは、すごいことである。

おそらく会津若松の家々は、なにからなにまで盗まれてしまったに違いない。もっとも金を盗ったり、鉄瓶を持ち帰ったりした農民はまだいい方で、何人もの人夫が戦闘に巻き込まれて死んでいた。すべての人夫が分捕りに明け暮れていたわけではない。

郡山の旧大槻村の七海文吉の記録は胸を打つものがある。

「八月二十四日の夕、十五歳より五十九歳の男人数が詰めるよう官軍から申し来たる。会津若松まで官軍御用人足が始まる。人夫は白米四斗俵一俵を二人持ちで会津若松まで通し、馬は三斗俵二俵を運ぶ一日何千人という人足である。途中の村々は焼失し、飯を炊いて食べることができない。夜は野宿、生米を噛み、ようようのことで、会津若松に着くと、大筒、小筒の撃ち合いは昼夜引きも切らず、百万の雷よりも恐ろしく、天地も崩れんばかりであった。

交替人足の来ないうちは一人も帰してもらえず、道筋には見張番所がなんヵ所もあり、一人も帰さない。打合場人足に連れられ、討たれた官軍兵の死骸のとりかたづけ、兵糧運びや弾薬担ぎ、穴ほりなどをさせられた。逃げると馬を分捕られた。家に帰ると人足改めの役人が来て、村々を回り、来るより早く引き出され、会津若松の城下まで何度となく連れていかれた。

九月二十二日、会津降参となった。官軍もあきれはて、これより十日落城しないときは、引き取るとの事だった。会津城中を仰ぎ見るに、昼夜とも鐘をつき、誠に男々《おお》しき有様に見えた。降参はしたが大日本三番目の名城と感じぬ者はいなかった」

文吉は会津の戦いぶりを褒めたたえた。この文章にある十日落城しないときは引き取るという話はなにを意味するのか。会津攻撃を中断するという意味なのか、これは有り得ないとは思うが、とにかく会津の頑張りにはホトホトてこずっていたというのは事実であった。

佐川官兵衛の反論

会津若松には三方面から薩長軍が侵攻した。

もっとも早く侵攻したのが奥州街道の郡山からだが、ついで日光街道の田島《たじま》口に侵攻して来た。

ここでは芸州《げいしゅう》藩の略奪が語り伝えられている。芸州は安芸、広島藩の兵隊である。ここはかつて天領で会津の小京都といわれた賑やかな町である。

会津軍の今市《いまいち》の陣地が敗れ、鬼怒川《きぬがわ》ぞいに敵軍が入ってきたのは、八月の下旬であった。進撃してきたのは芸州藩、佐賀の肥前藩、宇都宮藩の約一千名である。田島の会津兵は籠城戦に備えて会津若松に帰国したため、敵軍は町民に迎えられる形で田島に侵攻した。

村内の老若男女は近在に身を隠し、村の役人たちがおそるおそる出迎えた。

『田島町史』に芸州藩が近在の村々から調達した金品の一部が掲載されている。

それによると黒沢新田村、福米沢村、上塩沢村、針生村、大豆渡村、金井沢村から現金四百六十五両、米百七十六俵、それに酒、味噌、塩、蝋燭などを調達していた。村役人には借用証書を渡したが、戦後、支払われたことはなく、購入という名の略奪だった。略奪はこれにとどまらなかった。

大半の兵士は会津若松を目指して進撃していったが、芸州藩と肥前藩の兵約百人が田島に残り、日々、乱行を重ねた。彼らは土蔵を勝手に封鎖し、特に「身の丈高き、至って壮年なる御侍山本他人助と申す御方」は家々から家財道具を分捕り、人足に荷物をつくらせ、今市まで運送させた。田島だけで七十駄になったという。これに怒った各村々の名主たちは、村々から猟師を出し、敵軍を襲撃することを決め、併せて会津軍に援軍を求め、九月九日から田島陣屋に駐留する敵軍に攻撃を加えた。

これはきわめて希有な行動である。この地方には熊や鹿、兎などが生息するためマタギがいた。

会津藩はマタギを動員して日光鉄砲隊を編制し、日光口の戦闘に投入し、大いに敵軍を悩ませた。村人たちはマタギを先頭に九月九日の朝、鐘をガンガン鳴らして陣屋を襲うと、敵の兵士はバラバラになって逃げた。

「上の方より騒がれたので、下の方に逃げた。途中で死んだ者もいた。町うちをうろうろしていた者は二、三人、殺された。敵軍は荷物や分捕り品を置き去りにして逃げたので、手分けして分捕り品を拾い、その品は栗生沢《くりゅうざわ》の神社の拝殿にうずたかく積もった」

田島に残る見聞記である。

会津藩の農兵は田島地区以外は成功しなかった。地域の領民と一体となって戦った唯一の例が田島だった。戦闘の指導をしたのは会津の猛将佐川官兵衛である。佐川は城外で戦っており、食糧を手配し、弾薬を調達し、籠城をささえ続けていた。佐川を助けたのは農民だった。佐川は会津藩が降伏し、会津鶴ヶ城に白旗があがった後も戦いをやめなかった。

頑として降伏を拒否する佐川に対して町野主水、樋口源助が主君容保の書簡を携え、会津高田で陣を構える佐川のもとに出かけた。佐川は声を荒立てていった。

「そもそも奥羽越諸藩は列藩同盟をして戦うゆえんは、君側の奸を除くことにある。官軍のなすところを見よ。民の財貨を奪い、無辜の民を殺し、婦女を姦し、残虐きわまるではないか。なにが王師だ。これ奸賊にあらずしてなんぞや。ゆえにわれわれは戦いを続ける。われわれは皇国の民である。天朝にさからう者はいない。仁和寺宮《にんなじのみや》が錦旗を塔寺村《とうでら》まで進めたというが、それが事実なら誠に恐れ多いことだ。どうか私を宮のところに連れていって欲しい。私は宮に直接、会津が朝敵でないことを訴えたい。そのぜひ曲直が明らかになるなら降伏しよう。それができなければ降伏はしない」

佐川は一歩も引かなかった。

主君容保は佐川に改めて書簡を送り、やっと佐川も戦いをやめたが、こうした薩長軍の略奪暴行は、長く会津人の心に残り、今日なお薩長を許さない遠因になっている。

皆が主張した第二点は戦死者の埋葬問題だった。

会津戦争後、薩長軍は会津藩の戦死者に埋葬を禁じた。

会津城下の戦闘で戦死した会津藩の藩士とその家族、さらには従軍した農民などの総数は三千を超えるとされている。ところが埋葬を禁じられたため、戦死者の遺体は山野に散乱し、野犬に食いちぎられ、烏につつかれた。

「こんなことがあるのか。絶対に許すことはできない」

というのであった。

三沢・十和田会津会の人々

第三の問題は戦後処理である。

東北人が賊軍といわれ明治の社会から差別を受けたことは事実だった。私はこれまで東北、越後を限りなく歩き、取材を重ねてきたが、思わず絶句することもしばしばだった。さいたるものは青森県に移住した会津藩の人々の暮らしであった。

夏でも冷たい「ヤマセ」が吹く下北半島の周辺は、明治初期の農業技術では開拓が難しく、しかも農業の経験がない会津武士には、はじめから無理な話でもあった。人々はたちまち極貧の生活に陥り、冬の間に老人や子供がつぎつぎと餓死していった。

会津のゲダガ、ハド侍という言葉が残っている。

会津人は山に入って山菜を摘み、毛虫のように食べた。この辺りでは毛虫のことをゲダガといった。

またハトのように豆やおからを食べた。そういわれても仕方がない暮らしだった。

三沢市に斗南藩記念観光村という施設がある。

これはわが国最初の洋式牧場を開いた会津人広沢安任《やすとう》を顕彰して建てられたもので、この地域における会津人の開拓の跡を記録した観光文化施設である。このことは会津人がこの三沢で、尊敬を集めるだけの努力を積み重ねたことの証拠であった。

私は下北半島に来たときは、必ずといっていいほどここに足を運ぶ。二十年ほど前の話だが、三沢会津会の人々が集まってくれたことがあった。その席に中年の女性がいた。その人が恥ずかしそうに口を開いた。

「私は母親から絶対に会津といってはだめといわれて育ちました。母の時代、会津人は朝敵といわれ罪人扱いだったそうです。私が育った場所はまわりが皆、会津の人でした。そこにはバス停もあったのですが、そこからバスに乗ると会津衆と分かるので、絶対にそこからはバスに乗りませんでした。一つ向こうの停留所まで歩いていき、そこから乗りました」

女性はそういってホッとした顔になった。はじめて口にした言葉に違いなかった。このときの衝撃も大きかった。

この辺りでは会津から来た人々を「会津衆」と呼ぶ。会津衆から青森県知事も出たし、三沢の市長も何人となく輩出した。いまでは「会津衆」というと会津武士の末裔に対する尊敬の念が強いが、戦前はそうではなかった。「チョーテキ」に対する侮蔑のニュアンスがあった。

会津人は読み書き、算盤《そろばん》ができたので、学校の教師や役場の職員に採用され、徐々に社会的地位を確立した。太平洋戦争終了後、明治という時代をひきずった歴史上の差別も一般的には消え、バス停の話も昔の物語となったが、ここには笑い話ではすまない多くの問題が含まれていた。

以前、隣の十和田市に行ったとき、十和田会津会の人々と夕食をともにする機会があった。その席で私は薩長との和解の道はないかと質問してみた。答えは大半がノーだった。理由は斗南での暮らしがあまりにも過酷であり、会津若松だけでこの問題を決めてもらっては困ると皆がいった。

青森県にもう一つの強烈な会津があった。

十和田会津会では平成十年に『会津残影』という写真集を編纂した。十和田会津会写真百年史という副題がついたこの本は、十和田に入植した会津人の百年を克明に記録していた。その第一章に注目すべき文章があった。

「一ヵ月にわたる会津戦争は明治元年九月の会津鶴ヶ城落城により、封建制の終幕から日本近代化への接点となった。そのあと会津藩に対する明治新政府の敗戦処分は、きわめて過酷なもので、二十三万石の石高から公称三万石といっても実収はわずか七千石ばかりに削封され、旧会津藩士たちは北辺未知の斗南の地に、全藩あげて集団移住させられた。

この薩長主導の旧会津藩抑圧政策は、時と処を隔てて第二次大戦期に独裁者スターリンが、極東の朝鮮系の民族やクリミヤ半島のタタール人を対日独協力のかどで、民族まるごとシベリアや中央アジアに、強制移住させた事例を想起させずにはおかない。そのような逆境に直面した私たちの先人が、会津から斗南へどのようにして再生の道を切り拓いて行ったのか、セピア調の写真の流れによって辿ることにしよう」

とあった。この激しい文体に下北の会津人の積年の思いが凝縮されていた。

泣血氈

青森県五戸町に旧会津藩家老内藤介右衛門《すけえもん》の末裔が住んでいる。

内藤も京都詰めが長く、禁門《きんもん》の変を戦い、鳥羽伏見でも戦った。会津戦争では、弟の平馬が政務担当として主君をささえ、内藤は三ノ丸の守備にあたった。

青森での生活があまりにも厳しいため内藤兄弟に対する風当たりも強く、平馬は青森から函館に新天地を求め、晩年は消息不明となっていた。何人もの人が平馬を追跡し、根室に墓があることが分かった。私も根室に出かけて平馬の墓石を確認した。

内藤介右衛門も戦争のとき二十代後半の青年だった。五戸に入植した内藤は斗南藩の役職には就かず、倉沢と同じように、塾を開いて五戸の若者の教育にあたった。

末裔の方々による『会津藩に仕えた内藤一族』という本があり、五戸に墓があることを知っていた。しかし五戸は八戸から奥に入った場所にあり、八戸自動車道で下北に向かった場合、終点の八戸で降りて、すぐ三沢に向かってしまうので、立ち寄りにくい場所だった。

はじめてここを訪ねたのは、十年ほど前になる。下北に行く途中だった。内藤の墓がある名刹高雲寺《こううんじ》を目指した。時間はかなりたっており、もう午後四時を過ぎていた。五戸からむつ市まで三時間はかかる。内藤の墓参りをして、すぐに、下北の中心であるむつ市に向かうつもりでいた。高雲寺はすぐに見つかった。広い境内なので、どこに墓があるか分からず、寺の方に案内をお願いした。

住職夫人が気軽に案内してくれ、私は内藤の墓前に手を合わせ、念願がかなって満足だった。墓石には会津で有名な学者南摩綱紀《つなのり》が碑文を書いていた。

「君、藩主容保《かたもり》公に従い、京都を護ること数年、常に左右に侍して枢機《すうき》に参ず、明治戊辰の役におよび各地に戦い、乱平《たいら》ぐる後は南部に隠れ、三十二年六月十六日病没す」

とあった。

私は何枚か写真をとり、失礼しようとすると、住職夫人が、

「内藤さんは、すぐ目の前にお住まいなんですよ。せっかく遠いところからいらっしゃったんですから、寄っていかれてはどうですか」

といった。

「ええ、そうですか」

私は驚いた。末裔の方が寺の近くに住まわれているというのだ。

「分かりました」

私は喜んで案内していただくことにした。内藤さんの家はまさに高雲寺の入り口の前にあった。

「ごめんください」

私は名前を名乗ると内藤さんは、幸運にも私の名前を知っており、

「一度、お会いしたいと思っておりました」

内藤介右衛門の末裔、信俊さんと泣血氈

とおっしゃってくれた。当主の内藤信俊さんは、介右衛門の孫で、大正七年八月生まれ、お会いしたとき七十九歳だった。いまはとうに八十の半ばを越えている。奥さんのつねさんは大正十二年二月生まれ、当時満七十五歳だったが、お二人とも実に若く、矍鑠《かくしゃく》たるものがあった。
内藤さんは早速、内藤家に伝わる遺品の数々を見せてくれた。
刀、脇差、陣羽織、戎衣《じゅうい》などが目の前に並べられた。それから泣血氈《きゅうけつせん》を取り出して広げた。

「これが泣血氈ですね」

「そうです」

内藤さんは座敷に泣血氈を広げた。

会津人の魂の証し

これは会津藩にとって忘れられない歴史的な毛氈《もうせん》だった。

籠城一ヵ月、三千人もの戦死者を出し、白旗をかかげて降参した会津藩は慶応四年九月二十二日、追手門外で行われた降伏の式に容保親子や重臣たちが臨んだ。そのとき式場となった甲賀町通りの路上に敷いたのがこの毛氈だった。長崎の商人足立仁十郎が藩公に贈った真っ赤な毛氈である。

この日の朝、式場に臨んだのは陣将梶原平馬、内藤介右衛門、軍事奉行添役秋月悌次郎、大目付清水作右衛門、目付野矢良助である。礼服をつけ、毛氈ではなく別の筵の上に座した。やがて敵の軍監中村半次郎、軍曹山県小太郎、使番唯九十九が式場に着き、梶原らは立ちあがり秋月が小さな白旗を持ち、慇懃《いんぎん》にこれを迎え、中村らは椅子に腰を下ろした。このあと主君容保父子が礼服をつけ太刀を袋に入れ、侍臣にこれを持たせて式場に入り、同じ筵の上でひれ伏し、それから毛氈の上に進み、居並ぶ軍監たちに降伏謝罪の嘆願書を提出した。

梶原と内藤の兄弟は筵の上にひれ伏し、無念を堪え切れずに落涙した。この後、容保は城に戻り重臣将校を集め、これまでの労苦を労い、城中の空井戸と墓地に香花を捧げ、礼拝して、決別を告げた。

「三軍の将卒皆恨みを忍び、涙を呑み仰ぎ見る者なし」

『会津戊辰戦史』はこのときの模様を、こう伝えている。

重臣たちはこの後、この日、主君が立った毛氈をほぼ四方形に切って分け合い、この屈辱をいつの日か晴らさんと誓いあった。秋月悌次郎がこの毛氈を泣血氈と名づけ、重臣たちは肌身離さず保管してきた。

「先祖の血と涙がにじんでいるのです」

内藤さんはそういい毛氈をなでた。もう百四、五十年はたっている毛氈である。幾分、色あせていたが、思わず吸い込まれてしまいそうな深みがあった。そのときである。

内藤さんはハサミを取り出して泣血氈を切り始めた。三十センチ×二十センチぐらいだろうか。

内藤さんはそれを手にとり、

「これを受け取ってください」

と差し出された。

私は仰天した。

「ええッ」

これは会津藩のさまざまな思いが込められた痛哭《つうこく》の毛氈なのだ。私が受け取るべきものでないことは明白だった。私は固辞した。しかし内藤さんは、「持ち帰っていただきたい」と強くいわれ、「先祖も喜ぶでしょう」と付け加えられた。

私はその言葉に会津藩の人々の、あまりにも深い傷跡と苦悩を改めて感じた。

私はどうすべきか大いに迷ったが、私は魅せられるように泣血氈を手にしていた。これを見つめながら会津の作品を書き続けることにしたい。私はそう思った。

帰りに内藤さん夫妻ともう一度介右衛門の墓の前に立った。

「腸《はらわた》は断つ、北亡《ほくぼう》山下の塵」

介右衛門の墓碑にこのような文字があった。

北の果てに流された、断腸の思いの言葉であった。

最近、斗南藩を調べたいという人も増えている。そういう人にまず勧めるのは青森の歴史家葛西富夫氏の『斗南藩史』である。昭和四十六年に発刊されたこの本は非売品なので、発行部数も少なく、いまでは手に入らない幻の名著である。斗南の地に生まれた著者は少年時代から会津人の下北移住を聞きながら育った。著者はコツコツと斗南の地を歩き、書いたのがこの本だった。

私も随分、この本で勉強させてもらった。この本にも書かれてあるが、会津人を受け入れた下北や三戸、五戸の人々も実は複雑だった。ここは厳しい食糧事情があり、必ずしも歓迎されたわけではなかった。

町村史を細かく読むと「容保はかつて京都守護職で、のち薩長と鳥羽伏見で戦い、薩長憎悪の的《まと》、奥羽戦争発端の人であった」といった記述に出会ったりする。

歴史は単純ではない。

こうした歴史的事実をめぐり八年前に秋田県角館市で大きな討論会が行われた。これは東北の人々が日本の近代史に切り込む、はじめての討論会であった。

「戊辰戦争130年 in 角館」

平成十年（一九九八）は明治元年からちょうど百三十年に当たり、この年の八月二十八日、秋田県角館町で開かれた角館町主催の「戊辰戦争130年 in 角館」は戊辰戦争に関する画期的なイベントであった。角館町という自治体が開いた点でもユニークだった。

出席者は戊辰戦争の研究者と関係市町村長で、そのなかに会津若松と長州萩の市長の名前もあり、がぜんマスコミの注目を集めた。

実はその二年前に「恨みの破談」という出来事があった。

その内容は『週刊新潮』の平成八年の十二月十二日号に「マスコミ締め出しで行われた『会津』『長州』市長会談は『恨み』の破談」という見出しで報道されている。

記事には次の見出しがついていた。

「旧幕府軍の会津と官軍の長州が相まみえた戊辰戦争。以来百二十七年にわたって宿敵同士の会津若松、萩の両市長が初めて顔を合わせた。もっとも、それは萩市長が観劇のため、私人として会津若松市を訪れたことに託《かこ》つけての懇談という形式—。マスコミにも非公開という気の遣いようだったが、お互い最後まで握手することもなく、結局、歴史的な〝和解〟は果たせなかったというから驚きだ」

というもので、「そういうことがあるんですか」と私も何人かから質問を受けた。

この時期、会津若松市は民間団体を中心に長州と和解を模索する動きがあった。

その一環として「会津若松文化振興財団」と市内の演劇団体が会津と萩の交流をテーマにした演劇「早春譜」を上演することになった。

「早春譜」は会津の旧家を舞台にした現代劇で、大の薩長嫌いの当主のところに孫娘が婚約者を連れてくる。その青年が萩の出身と分かり、祖父は猛反対する。が、やがてその祖父と青年の祖母もかつては恋人同士で、出身地にこだわって別れた過去が明らかになり、最後は結婚を許すというストーリーだった。

この財団から萩の市長に招待状が送られた。

招待状をもらった萩市長の野村興兒氏は、会津訪問を決めた。主催団体が会津若松市の外郭団体であり、招待状は当然、会津若松市長の了承ずみと萩市当局は判断した。これが実は誤解で、会津若松市長はなにも知らなかった。

萩市長出席の連絡を受けた会津若松市当局は狼狽した。

あれこれ知恵を絞り、萩市に対し市長は公人としてではなく、私人として来てほしいと異例のお願いをし、萩市長はそれを受け入れ、私人の形で会津若松に観劇にやって来た。萩市長は会津白虎隊の墓地に焼香し、定刻より前に「早春譜」が上演される会津風雅堂に向かった。私人なので会津若松市からは特に出迎えはなかった。

やがて会津若松市長山内日出夫氏（当時）が姿を見せたが、山内氏は萩市長に挨拶することもなく、離れた場所で観劇した。いくら私人とはいえ、いろいろと因縁の深い萩市長である。会津武士の末裔らしく堂々と挨拶すべきだという声もあったが、それはなかった。

お互いが顔を合わせたのは観劇終了後で、懇談もわずかに二十分たらずという短いものだった。

会津若松市には特殊な事情があった。過去に長州との和解が市長選挙の争点になった。和解を主張した候補は落選し、以後、市長にとって和解は禁句になっていた。

山内氏は、懇談のあと「行政レベルでの和解はない」と記者団に話した。それが『週刊新潮』に取りあげられた。財団の先走りが萩市長にいささか失礼なことになった。その二年後に「戊辰戦争１３０年 in 角館」で両市長がふたたび顔を合わせることになった。

「徳川幕府の崩壊と江戸城明け渡しで、新政府樹立という政治過程が、あくまでも血を流す、犠牲を引き出すことで、新政府のありかたが強固になるとしたら、その犠牲になったのは奥羽越の各藩であり、そこに住む人たちです。もしかして、いわれなき戦争ではなかったかと考えられます」

開会式で当時の高橋勇七角館町長はこのように述べた。明治維新への不信感は、会津のみではないと高橋町長は口火を切った。高橋氏はこれを機に本格的に歴史学に取り組み、現在は東北大学大学院の博士課程に在籍している。

戊辰戦争は果たして正義の戦争だったのか、その上に成立した明治維新は、正当なものだったのか。これがこの討論会で提起された議題であった。

会津若松、萩市長の第二ラウンド

角館での討論会の圧巻は会津若松市長と山口の萩市長の対決であった。奇しくも両市長とも二年前と同じだった。

前回はいささか冷たい出会いだったので、今回は別かもしれないと考えた人々がいた。マスコミは百三十年ぶりの和解がなるのかと予告記事を書き、東京から記者を送り込んだ新聞社もあった。

両者は宮城県白石市長を挟んで演壇の中央部分に座った。白石市は伊達政宗の忠臣片倉小十郎の城下町である。ここで奥羽列藩同盟の会議が開かれ、秋田藩家老の戸村《とむら》十太夫も出席した。角館町長の苦心の配列だった。

まず白石の川井貞一市長が「私は萩と会津若松に囲まれて脂汗を流しております」といって会場の笑いを誘った。白石市長の戊辰戦争論は他とはひと味違っていた。川井氏は現在も白石市長である。

「奥羽列藩の白石会議で東日本政府独立運動をやろう、ということになったわけです。西日本と対等な関係でひとつつくろうというわけです。ところが悪口をいうわけではありませんが、秋田がさっさと官軍の方に行ってしまった。それで残念ながら萩に負けてしまった」と先制パンチを秋田に浴びせた。

川井理論の特徴は東北を頑迷《がんめい》固陋《ころう》ととらえるのは誤りで、壮大な夢を描いていたと主張した。となるとやはり注目は、会津対長州の論戦である。観衆の目は二人に集まった。

このとき山内氏は冒頭次のように挨拶した。

「こちらに参りますときに、会津青年会議所とか会津若松商工会議所の青年部とか、いろいろな団体から今度、戊辰戦争のことで市長が角館に行く。ご苦労ですが、頑張ってきて欲しいという励ましを受けてまいりました」

白石市長（右から二番目）を囲んで会津若松市長（右）と萩市長（左）

意味するところは萩との和解などとんでもない。会津の考えを貫いてこい。そういう市民の声を受けて、ここに来たというのだった。山内氏はそれから宮崎十三八氏が書いた『会津人の書く戊辰戦争』と同じことを幾つか述べ、さらに下北流罪にふれた。

「戊辰戦争に負けたあと会津藩は、いまのむつ市に斗南藩をつくって移住しました。そこは草の根を食べるしかないところで、明治政府はそのようなやり方を会津人に求めた。これも私どもの心に残っていることです」

と下北流罪がいかにひどいものであり、会津人の心を深く傷つけたかを説いた。

それから明治政府の好戦的な態度を批判し「明治政府のやり方に対し、会津が生んだ軍人柴五郎大将は戦争はそうするものではないと厳しく批判していました」と述べ、薩摩、長州の明治維新に疑問を呈した。その表情は厳しいものだった。

これに対して萩の野村興兒市長はなにをどう語るのか、聴衆は固唾《かたず》をのんで見入った。

「日本文化の原点である中国の清《しん》が簡単に列強に屈してしまった。日本も植民地になるのではないか、日本の将来はどうあるべきか。吉田松陰の主宰する松下村塾から若い青年が育ち、日本の将来を思い、列強に対抗できる統一国家を目指したのです」

野村氏は、世界列強と日本という格調高い切り口で話を始めた。

「禁門の変では松下村塾の門下生がかなり惨殺されました。この後、戊辰戦争が起こります。そして戊辰の役はこの東北において大変な犠牲を生じたわけです。風化しようとしている明治維新、そして戊辰の役、もう一度、歴史的事実をしっかりおさえて、これを後世に伝えていく。振り返れば、そこに必ず未来が見える。これが私ども萩市のテーマです。そういう意味で、今日参加させていただきまして、ありがとうございました」

野村氏は会場の皆さんに礼を述べた。

野村氏の話は遠慮がちなものだった。ここは敵地である。うかつなことはいえないという気持ちがあったようにみえた。野村さんは最後にもう一度発言し、次のように述べた。

「会津の皆さんからご意見を聞きますと、会津の戦いの悲惨さ、戦後処理のむごさなど私ども萩の市民が知らないことがたくさんあります。私は二年前にはじめて会津若松を訪れました。そこで私は愕然としたのです。会津若松には高速道路が通り、すばらしい大学がありました。萩には高速道路も大学もありません。それなのになぜ萩が標的にされなければならないのか、と思うほどでした。萩でも国際大学をつくっていますが、歴史的事実は事実としてしっかりふまえた上で、二十一世紀を展望した新しい交流を確保しなければならないと考えております」

野村氏は、こういって締めくくった。

観客やマスコミが描いた和解という淡い期待は、こうして消えたのだった。

他の地域の人々が考える以上に会津若松はかたくなであり、そのかたくなさを誇りにしていた。おそらく十年後にこうした討論会が開かれても、二十年後に開かれても、会津と長州が壇上で手を握り合うことは、ないかもしれないと思わせる山内市長の主張だった。日本列島の各地でいろいろな討論会が日常茶飯事のように行われているが、これほど重い討論会はないと思った。私は「やはり」という思いでうなずくだけだった。

第二章

東北、越後にとっての戊辰戦争

▶仙台城址

仙台藩の二人の自刃が意味するもの

東北の中心は伊達政宗以来の外様《とざま》の重鎮、仙台藩だった。

しかし幕末の仙台藩は眠れる獅子であった。会津藩が京都に上り、京都守護職として薩摩、長州と覇を競っていたが、仙台は政治の埒外《らちがい》にあり、安眠をむさぼっていた。東北というおだやかな風土が関係していた。安眠をむさぼっている間に日本は大激動をきたし、その変革の嵐が仙台を襲い、はじめて愕然とした。

鳥羽伏見の戦いで幕府、会津が薩長に敗れ、江戸に逃げ帰った将軍慶喜はふがいなくも恭順し、幕府が音をたてて崩壊した。それはまさかの出来事であり、青天の霹靂だった。この間に薩長政権が誕生し、薩長に刃向かった会津は朝敵とされ、仙台藩に会津追討の命令が下った。ここではじめて仙台藩は動いた。

「薩長などわずか二、三の諸藩による新政府など認めることはできない」

「薩長は王政復古の名を借り、奸計をもって天下をおのれのものにせんとしている。これは日本を危うくするものだ」

「この際は天下の正論と力を合わせて反薩長同盟を結成し、奸賊を成敗してくれん」

これが仙台藩上層部の見解だった。

かくて仙台に乗り込んで来た奥羽鎮撫総督府参謀世良《せら》修蔵を斬殺し、仙台は奥羽越列藩同盟の盟主として薩長に戦いを挑むのである。

仙台藩が反旗を翻した最大の理由は、政治の埒外に置かれたことに対する強い反発だった。薩長政府の最高指導者である西郷隆盛や大久保利通にいわせれば、幕府を叩きつぶしたのは薩長であり、天皇を戴き、江戸城をおのれのものにした以上、東北や越後などものの数ではないという意識があった。

仙台や米沢、盛岡など東北の有力諸藩に対して自分たちの政権構想を説明することもなかったし、協力を依頼する姿勢も示さなかった。

「会津を討てッ」

と高飛車な態度に出て、事態は予想だにしない方向に進展した。

仙台藩の藩論は反薩長だったが、薩長は関東以西を抑え、幕府に代わって天下を掌握したことは事実だった。それに非を唱え、戦ってみたところで勝算があるのかという冷めた見方もむろんあった。

奥羽鎮撫総督府との折衝にあたった重臣の三好監物《みよしけんもつ》もその一人だった。

三好は岩手県一関市に近い旧東磐井郡黄海《きのみ》村の領主で、蝦夷地の警備で功績があり、若年寄に進んだ。京都で動乱が起こるや京都に派遣され、薩長の幹部と接触した。

三好は薩長の強大な軍事力を目のあたりにして、仙台藩の藩論は時代に逆行すると判断し、奥羽鎮撫使とともに帰国し、会津追討やむなしを進言した。しかし三好の行為は仙台藩士には理解を得られず、

「奸賊にくみするとは、武士にあるまじき振るまい」

と見られた。三好は若年寄を解任され黄海村に隠退、自刃させられる。

仙台藩は重臣坂英力《さかえいりき》を軍事総督に命じ、白河に大部隊を送って薩長軍との戦闘に入るが、敵の圧倒的な軍事力の前に敗れ、坂もその責任を負って自刃する。坂も三好と同じ黄海村の出身だった。三好は五十代、坂は三十代の若さであった。

仙台藩の戊辰戦争はこの二人の自刃に象徴されていた。

仙台藩の参謀玉虫左太夫の理想は議会政治による共和政治の実現だった。武力ですべてを解決せんとする薩長独裁に激しく反発した。玉虫はアメリカでこのことを学んでいた保守頑迷なるが故に、薩長と戦闘に入ったのではなかった。

薩長の政治に対して戦いを挑んだ。従来の戊辰戦争論は佐幕か勤王かに色分けし、三好は勤王の志士であり、坂は旧態依然たる幕府派だったという解釈で片付けた。しかし実態はまったく違う。三好は現実を見つめた、いわば妥協派であり、坂は日本の政治に仙台も参加せんとする積極派であった。

長いものには巻かれよではなく、仙台の自己主張を貫かんとしたのである。

従来の戊辰戦争論は、この視点がひどく欠落している。

南部藩家老楢山佐渡と平民宰相原敬

南部藩家老楢山佐渡《ならやまさど》は、幕末動乱のとき京都にいた。

仙台の三好監物と同じように、薩長の幹部と接触した。

楢山の目に写った薩長の幹部たちは、酔うては眠る美人の枕、醒めては握る天下の権などと豪語して得意になっており、彼らの言動はとても日本の将来を託すに値しないと判断して帰国した。

かくて南部藩は列藩同盟に加盟し、薩長と戦うことになる。

京都には楢山のほかに中島源蔵と目時《めとき》隆之進の二人の用人《ようにん》が同行していた。

二人は勤王の志が厚く、楢山とは異なった判断をした。天皇を戴いた薩長こそ正義であると主張し、しきりに長州藩邸に出入りし、楢山の考えを変えようとした。

しかし、どのように勤王論を説いても楢山の意志を変えることはできなかった。

彼らは真の勤王にあらずというのが楢山の考えだった。勤王などマヤカシだと見たのである。

しかし南部藩も戦争に敗れ、楢山は戦犯として捕らえられ、明治新政府の手で処刑される。

自分の意志を貫いたが故の悲劇だった。

楢山佐渡は本能的に、薩長のマヤカシを察知したのである。

楢山の処断は一方的な決めつけであり、南部人を納得させるものではなかった。

その悲劇を目撃した一人の少年が五十年後に、日本の総理となって楢山の復権を果たす。その人こそ平民宰相原敬《はらたかし》であった。

少年は楢山の処断を南部人最大の屈辱と考え、その無念を晴らすことを人生の目標においた。それは薩長藩閥政治の打破だった。

原敬は見事、それを達成し、政友会総裁となるや楢山の没後五十年の式典に臨み、「戊辰戦争は政見の異同のみ、誰が天皇に弓を引く者あらんや」と皇国史観を痛烈に批判し、翌年、薩長以外で初の総理大臣の椅子を獲得し、郷里盛岡に凱旋した。

楢山は原敬という不出世の政治家を産み、岩手県は長州の山口県と並ぶ多くの宰相を輩出した。

米沢藩の野望

名君上杉鷹山《ようざん》で知られる米沢藩も反薩長で立ちあがった。

会津征討の奥羽鎮撫総督府が仙台に上陸するや、仙台藩とともに会津救済に乗り出した。その意気込みたるやすごいものがあった。

列藩同盟の会議には藩主自ら兵を率いて出席、米沢の武力を誇示し、戦端が開かれるや、越後の防衛を担当した。

世良修蔵の密書に「仙台、米沢をはじめ奥羽を皆敵と見て、ただちに討伐の大兵を繰り出し、さらに酒田沖へ軍艦を回し、前後挟撃して攻め滅ぼすべし」とあったことが米沢を怒らせた。

越後はもともと上杉の領土である。

「狭い米沢の盆地から越後の平野に戻りたい」

米沢人にはそうした願望もあった。

首席家老千坂太郎左衛門の作戦は次の三項目を骨子とするものであった。
一、藩公自ら兵を率いて出陣する。
一、旧幕府の軍艦回天《かいてん》、開陽《かいよう》の二艦を越後に回航させ、さらに列藩同盟で資金を出し、甲鉄艦を至急購入する。
一、日和見主義の新発田藩の寝返りが予測されるので、これを挟撃して城と軍器を同盟軍に譲渡させ、藩主溝口直正《なおまさ》と父の直溥《なおひろ》を米沢の人質にとる。
ここには並々ならぬ米沢藩の決意が込められていた。

越後に軍艦を浮かべ、制海権を確保するという米沢藩の戦略は、きわめて注目されるものだった。旧幕府艦隊は海軍副総裁だった榎本武揚が掌握し、品川沖に浮かんでいた。

米沢藩は榎本に使者を送り、新潟に軍艦の派遣を要請していた。もしこれが実現すれば、列藩同盟の勝利も有り得る大戦略だった。

というのは薩長軍の武器弾薬、食料、兵員の輸送は蒸気船に頼っていた。

鹿児島や下関から越後まで三、四日あれば、大量の物資と兵員を輸送することができた。敵の補給路は海であった。これを軍艦で迎撃すれば、薩長軍はたちまち補給に支障をきたし、越後から撤退を余儀なくされるはずであった。

同じことは太平洋岸にもいえた。薩長軍は常陸《ひたち》の平潟《ひらかた》港を使い、兵員と武器弾薬の陸あげを行っており、仙台や磐城の海にも同じように軍艦を浮かべれば、ここでも上陸を阻止することができるはずであった。

購入を計画した甲鉄艦は、旧幕府がアメリカに発注した最新鋭の軍艦で、日本に回航されて来たが、発注者の幕府が消滅しており、軍艦は引き取り手が決まらないまま横浜に係留されていた。このままでは薩長軍が押収してしまうだろう。一日も早い購入が望まれる巨大な買い物だった。

購入資金は酒田の豪商本間家を中心に金策も進められた。

併せて新潟港の国際化も課題である。米沢を核に仙台、会津、庄内、長岡が兵を出し、また事務官もおいて諸外国に窓を開き、また武器弾薬の購入もはかった。

米沢藩がここまで本気で戦う意志を固めたのは注目に値することだった。

ただしこの軍艦の回航は最後まで実現しなかった。

この計画に水を差した人物がいたからである。それは勝海舟だった。

勝は榎本を江戸湾にとどめ、薩長との交渉の切り札に使った。勝にとって榎本の軍艦は唯一のカードであり、慶喜と旧幕臣を駿府へ移住させるうえで、艦隊が江戸湾にいる必要があった。

勝は列藩同盟には人物がいないと批判し、つねに薩長よりの態度に終始した。

榎本は勝に引きずられ、仙台に向かったときは、会津が包囲されており、すでに勝機を失っていた。

榎本も戦略家の資質に欠けていた。慶喜の意のままに操られ、みすみす勝利のチャンスを逸した。北海道に渡ったあとも操艦ミスで軍艦開陽を座礁沈没させ、これで蝦夷島政権の命運が尽きた。

列藩同盟には時間がなかった。榎本との意志の疎通も十分ではなく、もっとも大事な海軍力でつまずき、結局は勝利を得ることはできなかった。しかし海軍力を勝利の方程式とした米沢藩の戦略は間違ってはいなかった。戦後、米沢は何人かの提督を生んでいるが、それは、このときの反省によるものかもしれない。

なぜ越後は同調したか

次に越後の情勢に移ろう。

東北諸藩が結成した奥羽列藩の軍事同盟に、ある時期から越後が加わり、奥羽越列藩同盟となった。なぜ越後までが東北に同調したのか。

会津藩は越後に領地を持っており、旧東蒲原郡の一帯は会津の領地だった。領地を守る関係で会津藩は早くから越後に出兵しており、戦場になることは避けられない宿命にあった。

こうした情勢を、じっと見つめる男がいた。

長岡藩家老河井継之助である。呼び方だが、「つぐのすけ」「つぎのすけ」の二つがあり、長岡では、「つぎのすけ」を正式な呼び方としている。

会津藩に秋月悌次郎という学者がいる。薩摩と会津が手を握り、京都から過激派の長州を追放したクーデター事件の立て役者である。会津藩が籠城一ヵ月、白旗をかかげて降参したときも停戦交渉を行ったのは秋月だった。

河井はその秋月と親しかった。一緒に九州を旅し、長崎では幕府の海軍伝習所に出かけて幕府の軍艦を見たり、丸山あたりを散歩したりした。

幕府が音を立てて崩れたとき、河井は江戸にいた。薩長が江戸の進駐を開始したが、河井にいわせれば、彼らは勝手に天下

長岡藩軍事総督河井継之助

をとったといっているだけで、長岡に挨拶があったわけではなかった。

河井はこの時期、会津の家老梶原平馬と頻繁に会っていた。梶原は長く京都にいたが、風雲急を告げ、幕府と対応策を練るため江戸に戻っている間に鳥羽伏見の戦争が起こった。大坂に戻ろうとすると、会津は敗れたという。会津は朝敵となり、主君の首を出せと薩長がいい始めた。

これは宣戦布告を意味した。主君の首を差し出す家臣などいるはずもない。もはや戦争だと梶原は武器弾薬の調達に奔走した。

河井は梶原にスネル兄弟を紹介した。兄弟はオランダ国籍の武器商人だった。日本に現れたのは万延元年（一八六〇）で、横浜にバテケ・スネル商会を設立、商売を始めた。その後、兄のヘンリー・スネルはプロシャ公使館の書記官、弟のエドワード・スネルはスイス領事館の書記官に

転じた。当時、外交官と商人は表裏一体の関係にあり、そのときどきで使い分けていた。河井は横浜に出かけて兄弟を知り、彼らを通して越後の物産を海外に輸出し、外貨を稼ごうと考えていた。

梶原は横浜に通い大砲や小銃を買いあさった。会津藩は鳥羽伏見の戦争ですべてを失い、国元にわずかの火縄銃があるだけだった。

河井にとっても長岡藩の武備の補充は急務だった。

やがて二人そろって横浜に行き、鉄砲や弾薬、大砲を買いつけた。会津藩は借金をしたが、長岡は江戸藩邸の什器を売ってカネをつくり、七百挺を超える元込め銃を買って国元に送った。国元では若手家老の山本帯刀《たてわき》が千三百の藩兵を三大隊、二十三小隊に編制し、洋式の猛特訓を始めていた。

自分の国は自分で守る。

これが河井の考えだった。河井は最後にガトリング機関砲を一門五千両で二門買った。戦争となればこいつを引き出して敵を撃ちまくる。河井はそう考えていた。

しかしそれは最後の手段であり、究極の理念は「武装中立」「独立独行」だった。

越後の将来は越後人が決めるという崇高な理念である。スイスのような考えであり、そのためには、越後を脅かす者は何人であれ容赦なく排除しなければならなかった。それは大いに尊重されるべき性格のものであった。

梶原も河井に負けずスケールの大きい男だった。梶原はスネル兄弟を会津藩の軍事顧問に迎え、作戦についても指図を仰ごうとしていた。江戸を引きあげるとき、二人はスネル兄弟がチャーターした蒸気船に乗り、武器を満載して太平洋を北に向かい、津軽海峡に入って箱館に寄港し、日本海をまわって新潟に帰国した。

梶原はスネル兄を連れて、そこから会津に帰った。

薩長も会津も一歩も引かない以上、間違いなく戦争になる。会津、庄内、それに桑名藩も参戦の気配が濃厚である。河井が見たところ、情勢はそのようなものだった。

スネル兄は会津城下に屋敷を構え、屋敷には蒸気汽缶をすえた。蒸気汽缶はときどき、ブォー、ブォーと大きな音を出し、白い息を噴きあげた。

見物人がいつもスネルの屋敷を取り囲み、スネルは羽織袴に大小を差し、腰にピストルを下げて登城し、毎日、梶原と作戦を練った。

薩長軍が越後国境に迫ったのは、慶応四年の閏《うるう》四月である。

会津攻撃のため越後に攻め入った薩長軍は、越後諸藩に軍資金の提供を求めた。

河井は怒った。あまりにも一方的で高圧的なやり方ではないか。河井はこの要求を無視した。

河井と薩長軍の確執はこうして始まった。

長岡藩は直接、薩長と敵対しているわけではなかった。ただ一方的に金銭を要求されることは、どう考えても理不尽だった。勝手に自分の領地を薩長の軍隊が通ることも納得できなかった。ここは長岡藩の領土なのだ。

それになぜ戦争なのかが分からなかった。

会津は戦争の準備をしているが、それは主君の首を出せといわれたためで、寛典で臨めば戦争を避ける道はあるはずだった。

長岡が仲介役になろうではないか。河井にはそんな気持ちもあった。だが事態は刻々と変化し、深刻さを増していった。

長岡藩牧野家には七万四千石の面子があった。意味もなく軍門に下り、友好関係にある会津を討つなど人道に反している。それは仙台や米沢とも通じる心情だった。

薩長軍と会津の双方を説得し、両軍に越後からは撤退してもらう。それが最良の策だが、現実には困難だろう。さればいかにすべきか。河井の苦悩は、ここにあった。

いずれは会津とともに立つときが来るかもしれない。いやもうそこまで来ているかもしれない。しかし相手は強力だ。勝てるのかという迷いもあった。

この月二十一日、東山道軍がついに越後国境の小出に攻め入った。農兵中心の会津軍は敗れ、小出は薩長軍の手に落ちた。薩長軍は長岡の対岸小千谷《おぢや》に進駐し、会津の精鋭佐川官兵衛の朱雀隊が駆けつけてこれと対峙した。このままでは長岡が戦場になる。河井が佐川に退去を求める場面もあった。

「長岡は参戦致すやいなや、即答願いたい」

佐川は啖呵を切ったが、河井は答えなかった。

佐川はどちらかというと、単純明快な戦法を得意とした。半面、策を練ったり戦わずして相手を陥れるなどは不得意だった。会津の侍は概してそういう人が多かった。

河井は両面を備えていた。攻めてよし、守ってよし、硬軟両用の幅の広さを持っていた。河井は自ら薩長軍の本営に乗り込んで嘆願することにした。

その会場が小千谷の慈眼寺《じがんじ》だった。河井は最後の賭けに出た。

真の官軍とは

慈眼寺は小千谷の町の真ん中にある真言宗の名刹である。

大きな門をくぐると、広い境内が見渡せる。

ここが有名な河井継之助と土佐藩士岩村精一郎の会談の場所である。私はここを数回訪ねている。いつも深い感慨にとらわれる。先の地震で一部が倒壊した。

本堂右奥の十二畳が会談の間である。会談は河井から申し入れたものだった。五月一日の朝、麻の上下《かみしも》で正装し、主君に挨拶した河井は、軍目付の二見《ふたみ》虎三郎と従僕の松蔵を連れて、指定された慈眼寺にやって来た。

河井の目の前に現れたのは薩長軍の軍監岩村精一郎と長州の杉山荘一、薩摩の淵辺《ふちべ》直右衛門だった。岩村はまだ二十二、三の若造である。

これはだめだと、河井は本能的に思った。期待していた責任者の黒田清隆《きよたか》も山県有朋《ありとも》もここに来ていなかった。

「願わくは時間を与えてもらいたい。必ず会津を説得し、戦いを止めさせてご覧にいれる」

河井は岩村に嘆願書を差し出した。

「いまさら、いいわけなど聞きたくないわ」

岩村の答えはにべもないものだった。

山県は河井が来たということを聞き、急いで使者を送り、陣中にとどめ置くよう伝えたが、使者が着いたときは河井が退去したあとだった。お互いにツキがなかった。

『越の山風』という本がある。

長州軍参謀山県有朋の回想録である。

山県はそこでこのように回想している。

「河井継之助が来たと小千谷から報告があったので、とにかく河井を勾留しておくようにと、指図したが、この指図が小千谷に達したときは、河井はすでに立ち去っていた。私は白井らの不用意を遺憾とする。官軍の不幸はこれのみではない。信濃川が大増水し、舟を渡すことができず、糧食弾薬の運搬は大いに渋滞した」

山県には河井と話し合う用意があったというのである。

同じような記述がもう一つある。

『河井継之助伝』である。著者の今泉鐸次郎《たくじろう》は長岡藩士の子弟で、明治四十二年にこの伝記を著した。河井の伝記は大半、この本がベースになっている。今泉は長州の品川弥二郎に会い、談話をとっている。

「一体、越後口に向かった黒田や山県が会わないで、岩村のような小僧を出したのが誤りじゃ。黒田はあんな男だから、なおよかったろうし、山県が会っても戦争せずに済むかもしれぬ。おれはいつも山県にいうことだが、時山《ときやま》を殺したのはお前だ、河井に会わなかったのは間違っていると、こういうといまでも山県は真っ赤になって、そうじゃないとかなんとかいって怒るのじゃ。河井が死んでから、皆が惜しいことをしたといっておった。なんでも生きているやつが勝ちじゃ。後からなんのかんのと、ちょうどよい加減のことをいっておるからなあ」

考えてみれば品川のいい分も、回想だからいえるものだった。

そのとき、品川がいればどうだったかは分からない。時山は奇兵隊の参謀で、品川とは松下村塾以来の親友だった。

品川ははじめ奥羽鎮撫総督府の参謀を命ぜられたが、その任にあらずと辞退し、代わって参謀になったのが世良修蔵だった。品川は後年、第一次松方内閣の内務大臣を務めている。歴史はふとした偶然の積み重ねで、意外な方向に発展するものである。しかし品川がどう弁明しようが、山県や黒田が結果として河井を無視したのは事実であり、他人の意見はまったく聞き入れず「戦場で会おう」という薩長軍の独善的体質が越後戦争の背景にあったことは、まぎれもなく事実であった。

河井を一躍メジャーな人物にしたのは、司馬遼太郎である。

毎日新聞に長編歴史小説『峠』を書き、河井という男を世に送り出した。その司馬が昭和四十六年（一九七一）に長岡高校創立百周年に招かれ、河井について話をしている。

司馬はまず戊辰戦争の性格を語った。

「あれはなだれ現象でした。なだれ現象は日本の特徴のひとつなんですね」

と語り、河井に「問答無用」と金銭を要求した岩村を、

「つまらない男でした」

と切り捨て、

「河井にあと十年あげたかった」

といった。

骨のある男なら理不尽な要求を拒むのは当然と司馬はいった。

こうして越後も戦場となった。

司馬は長岡での講演で、すべての長岡人は河井を誇りにしていると述べた。

私もそう思っていたが、必ずしもそうではないことを知った。

長岡に「河井継之助を偲ぶ会」というのがある。河井の命日の辺りに長岡市の栄涼寺で追悼会を開いている。ここに継之助の墓がある。

私も十年ほど前、招かれて「私の河井継之助論」を話したことがある。集ったのは二十人ほどで、そう多いとはいえなかったが、東京など遠方からも来ていた。講演が終わって事務局の松山賢二氏が「私たちは少数派ですよ」といった。

「それはどうしてですか」

と私は聞いた。

「この町の研究者の多くは、河井否定論なのです。余計な戦争を起こして町を焼いた。それがいけないというんですねえ」

「そんなばかな、焼いたのは薩長の軍隊でしょう」

「山本五十六も同じように批判する人がいましてねえ」

「そうですか」

私は寂しい気持ちになった。

その後、「少し変わりました」という話を松山氏から聞いた。河井は町を焼いたかもしれなかったが、長岡人の持つ独立独行の精神を天下に示し、敵味方を超えて「あの男を死なせたのは日本の損失だった」といわせた男っ気が見直されたのだ。

「それはよかった」と私は思った。

河井がいてくれたことで、列藩同盟は大義の結社となったのだ。

彼をぬきにして戊辰戦争は語れない。

次に秋田藩の立場である。

秋田藩の場合

東北諸藩のなかで、もっとも特異な行動をとったのは秋田藩だった。

秋田藩は当時、久保田藩といったが、ここでは秋田藩で統一する。秋田藩は新発田藩よりも早い段階で奥羽越列藩同盟を離脱し、薩長軍サイドについた。

奥羽越列藩同盟の結成の段階まで秋田藩は同盟の一員だった。

仙台領白石で開かれた列藩同盟の会議に出席したのは、家老の戸村十太夫である。

「あい分かりました」

と戸村は調印して秋田に帰った。

このとき仙台には奥羽鎮撫総督の九条道孝と副総督の醍醐忠敬《だいごただたか》がいた。

参謀は長州の世良修蔵と薩摩の大山綱良《つなよし》で、秋田に対して「錦旗」を与え、朝敵の庄内を討てと命令したのは大山だった。

仙台と米沢は会津攻撃を命ぜられ、秋田は庄内攻撃を命ぜられたのだった。

これを実行すれば秋田も官軍だった。

どうすべきかという問題は、当初からあった。

勤王か佐幕か。藩内は割れていた。

秋田の主君は佐竹義尭《よしたか》である。出羽秋田藩二十万石の十二代藩主であった。相馬中村藩主の五男に生まれ、秋田支藩の岩崎藩二万石の養子に入り、のち本藩に迎えられた。

義尭自体、判断がつけられなかった。どちらが勝つか分からない。両方に保険をかけるのはよくある手で、義尭は両天秤の態度であった。明確に反薩長を打ち出した仙台や盛岡から見ると不可解だった。

そのとき事態が急変した。

参謀の一人、長州の世良修蔵があまりにも性急に、会津攻撃を主張したため仙台藩士に斬殺され、恐れをなした奥羽鎮撫総督府の一行は仙台を脱出、盛岡を経て秋田に向かった。秋田なら受け入れてくれるという判断が九条総督にあった。

それにしても一行を脱出させた仙台藩もひどく政治オンチだった。

九条総督は人質として役に立つはずであった。薩摩や長州が仙台藩の立場だったら、絶対に九条総督の一行を引き止めておいたに違いない。この一行はいざというときに取り引きに使える敵方の捕虜であった。それをみすみす秋田に送り出してしまった仙台藩は、政治的に幼稚であった。あとでその失敗に気づき、返還を求めるがそのときは遅かった。

九条総督は、仙台領を脱出するまで生きた心地がしなかった。秋田には大山参謀、さらには長州藩若手の青年将校桂太郎もいて、九条総督は秋田に入ってはじめて安堵した。

この段階で、秋田藩はますます難しい選択に迫られた。

征伐を命じられた庄内は隣藩である。しかも洋式軍隊をもっていて手強い。

盛岡の南部藩も薩長が嫌いで、虎視眈々《こしたんたん》と秋田を見つめている。秋田藩内はゆれにゆれた。仙台藩は秋田の動きが気になった。

薩長に寝返られると、列藩同盟は大変な事態になる。戦わずして、同盟の一角が切り崩されるのだ。仙台藩は秋田藩を問い質すことになり、使者の志茂《しも》又左衛門を秋田に派遣した。

仙台藩使節が秋田に入ったのは七月一日である。正使志茂又左衛門、副使内ヶ先順治ら十人ほどが秋田に入り、茶町の幸野屋と仙北屋に投宿した。

志茂は九条総督を擁立し、列藩同盟を離脱せんとする動きを厳しく批判し、この際、九条総督を仙台に戻すよう秋田藩に申し入れた。

秋田城内は侃々諤々《かんかんがくがく》の論議になった。

「仙台の申し入れは断固、拒否し九条総督を奉じて庄内を討つべし」

と勤王派が騒げば、家老たちは、

「しからば同盟の信義はいかに」

とにらみつけた。家老の戸村が仙台で調印している限り、ここは一歩も譲れない。

秋田に平田篤胤《あつたね》という国学者がいた。草莽《そうもう》の国学として尊王攘夷派に大きな影響を与えた。その平田の生家に「雷風義塾《らいふうぎじゅく》」が開かれ、秋田藩の若手が国学と砲術を学んでいた。その数約百人、教授の豊間源之進が画策し、雷風義塾を勤王派の拠点にした。

話し合いは小田原評定であった。三日たっても結論が出ない。秋田藩の重臣は内官と外官に分かれていた。内官は家老や用人、膳番、納戸役などである。外官は郡奉行、町奉行、勘定奉行、財用奉行など実務者が多い。両者の意見が対立した。

色わけすると内官は同盟派、外官は勤王派である。両者には身分の差があり、外官は直接、主君に拝謁することができない。この差別がこじれる原因の一つにもなっていた。

業を煮やした塾生が反乱を起こした。

外官の総括的立場にある家老小野岡《おのおか》右衛門の屋敷を突如、百人の塾生が取り巻き、小野岡が家老の石塚邸に出かけたのを知るや、押しかけて取り囲み、主君に建白書を取り次ぐよう求めた。

刀に手をかけ、なかば脅迫だった。小野岡は脅しに屈して午前二時、登城して主君を起こし、若手がまとめた庄内討ち入りの建白書を提出した。

夜中に主君を叩き起こして建白書を取り次ぐことは、前代未聞の出来事だった。佐竹義堯はその勢いに押されて庄内討伐を認めた。

これは即列藩同盟の離脱を意味した。

「藩主は一部有志の強談、脅迫に屈したのです」

秋田の郷土史家吉田昭治氏はいう。

吉田氏は秋田の戊辰戦争に関するイベントの中心的存在で、『秋田の維新史』という労作もある。庄内藩討伐はときの勢いとしても、仙台藩の使節の扱いは信じがたい展開であった。

家老たちが九条総督の毒殺をたくらんでいる――。

という噂が流れた。根も葉もない噂だったが、塾生たちが酒盛りの席でこれを話題にし、酔いにまかせて一人が「ぶった斬ったらよかろう」と叫んだ。

「そうだ、そうだッ」

飲んだ勢いで座は興奮状態となり、「君側の奸は除くべし」と衆議一決した。

彼らの背後にはいつも総督府参謀の大山綱良と隊長の桂太郎がいた。噂の出所は彼らだった。

宴会が終わって代表が総督府の宿舎に出かけた。

「いっそのこと、仙台藩の連中ば斬った方が得策でごわんしょう。これは大山どのと桂どのの意向だ」

と監軍の長尾清佐衛門がいった。秋田藩に仕掛けた巧妙な罠であった。熱病に冒されていた塾生たちは、目を光らせてうなずき、小野岡をうんといわせ、七月四日夜、幸野屋と仙北屋を襲い、志茂又左衛門ら六人を斬殺した。捕らえた五人も後日、斬って捨てた。

信じがたい暴挙だった。

たまたまこの旅館にいた南部藩士も誤って斬殺された。

志茂らは仙台藩が派遣した正使である。この段階でそれを斬るというのは、驚くべき破廉恥な行為であった。急用を伝えるべく、仙台から後を追って来た志茂の弟と従僕の少年も斬られた。秋田の塾生はまんまと大山の術にはまり、秋田藩に残された道は庄内攻撃しかなくなっていた。

知らせを受けた仙台藩は言葉を失った。敵は薩長だというのに、秋田に千人もの兵を送り出す羽目になり、白河の戦闘にも影響が出た。謀略は薩長の方が一枚も二枚も上手《うわて》である。雷風義塾の塾生を手玉にとるなど朝飯前だった。

奇妙な戦争

秋田の戦争は奇妙なものだった。

仙台藩は使者を斬殺されたこともあり、白河、磐城《いわき》に加えて秋田にも出兵を迫られた。列藩同盟にとって、これは思わぬ誤算であった。盛岡の南部藩も怒った。庄内藩も戦闘の火蓋を切った。秋田領内には南部藩や庄内藩と昵懇のつき合いをしている人々も多かった。

司馬遼太郎が『街道をゆく』にも書いているが、隣同士がわけも分からずに、戦う羽目に陥った。その典型的な例が鹿角《かづの》である。ここは当時南部領だった。

秋田藩の非人道的行為に怒った南部藩は、鹿角兵を先鋒として、秋田藩の支城がある大館に攻め込んだ。「おおだてマゲワッパ」で知られる大館市である。

両者は昨日まで親戚同様につき合っていた。

婚姻も日常茶飯事に行われており、双方に親類縁者が大勢いた。

そこへ突然、鹿角兵が攻め込んだ。大館の人々が聞いたのは、大館は天皇の軍隊、官軍となり、鹿角はなにを血迷ったか朝敵になったというのだった。

なぜ鹿角が朝敵で自分たちは官軍なのか、大館の人々は首をかしげた。

秋田口は薩長の代理軍ともいうべき秋田藩の軍隊を庄内、南部、仙台の同盟軍が攻撃するという、同じ東北人が血で血を洗う戦争となった。

もっとも激しく秋田に攻め込んだのは庄内藩である。庄内は強い。連戦連勝、秋田城を攻め落とす寸前まで攻め込んだ。しかし肝心の会津が落城となり、秋田城の攻撃はならなかった。結果として薩長がほくそ笑む事態となった。庄内人はいまでも秋田人に一物もっている人が多い。

「もうすこし時間があれば、叩きのめしてやったのに」

と物騒なことをいう人に、私は何人も出会った。

会津若松とはまた違った意味での戊辰戦争が、ここにあった。しかも複雑なのは、現在の秋田県をあげて列藩同盟を離脱したわけではなく、地域によっては庄内藩、南部藩に組したところもあった。

「秋田県というだけで、いっしょくたにしてもらっては迷惑だ」と列藩同盟の一員だったことを主張する人も多い。これがまた他国の人には分かり難い秋田の特殊事情となっている。

一体、どんな戦争だったのか。

南部藩鹿角口の総大将は家老の楢山佐渡である。

軍装に身を固めた楢山は、ときおり西郷隆盛の顔を思い浮かべた。

京都で会ったとき、さんざん待たされたあげくに、「軍資金を出せ」といわれ、はじめから賊軍扱いだった。薩摩弁と南部弁では意思が通じず、それがいっそう楢山の心証を悪くした。西郷にとって南部藩の家老など、骨董品ぐらいにしか見えなかった。楢山はけんもホロロに追い返されたことにひどく腹を立て、列藩同盟に加わった。

楢山は薩摩も西郷も大嫌いになっていた。

西郷に南部武士の心意気を見せてやると楢山は燃えた。

進軍を前に楢山が兵士たちに心得を述べた。秋田の農民はおだやかにさとし、動揺させぬこと、敵兵が捨てた酒食、井戸水は毒味の上に用いること、進行のときは、親子といえども介抱はしない。退却のときは、他人といえども見捨てない、戦死の遺体は決してその場に残さぬ。なるほどと思われることが伝達された。

攻撃軍は総勢千三百五十人である。

楢山は戦闘にさきがけて、藩境の秋田藩守備隊に宣戦布告をした。敵将茂木筑後は「本藩に指示を求めるので、数日待って欲しい」と回答した。楢山は律儀な武将だった。ちゃんと数日待った。この間に茂木は秋田から大砲二門を運び、戦闘態勢を整え、整ったところで戦争が始まった。

戦闘は一進一退、四十日も続いた。

大館城攻撃が開始されたのは、八月二十二日である。

会津若松に薩長軍が侵攻する直前である。東北は広い。会津若松では列藩同盟の命運を賭けた大戦争が行われようとしていたのに、秋田では思いも及ばぬことで隣国同士が砲火を開いた。南部藩の攻撃で大館の町は火の海となり、大砲で撃ち砕かれた大手門から鹿角兵を先頭に南部藩兵が突入した。大館城代佐竹大和は火を放って逃れ、緒戦は南部藩が勝利した。大館には奇妙な話が残っている。

「南部のだまし討ち」

という言葉である。大館城を攻める際、楢山はあくまでも南部の武士道を貫き、堂々と宣戦布告を行った。これに対して秋田側は、「隣国のよしみもあり、戦火は交えぬようにしたい」とまたも虫のいい申し入れを行い、楢山が「了解した。空砲でお相手仕る」と答えたと大館の人々は語る。

戦闘が始まり空砲だと思っていたら、実弾が飛んで来た。あわてて逃げたので負けてしまったと、大館の人は南部を責めた。

以来、鹿角の人は、なにかというと大館の人から朝敵、だまし討ちとののしられた。

秋田には庄内藩、仙台藩も攻め入り、秋田の領内はいたるところで火を放たれ、七千戸の民家が焼け、戦死者も藩士だけで三百六十余人を数えた。人夫や巻き込まれた農民を加えれば、死者はその何倍かになる。

民衆史の目

吉田昭治氏の『秋田の維新史』に、秋田の庶民たちの哀話が収録されている。

戦場の村に剛毅な農夫がいた。

「戦《いくさ》だの、なに、おっかねえもんだってがァ」

とせせら笑って家に残った。戦火が治まり、人々が帰って見ると、農夫は眉間を撃ち抜かれて縁先に息たえていた。かたわらに蝗《いなご》の塩むしがちらばり、硬直した右手には貧乏徳利が握られていた。蝗の塩むしを肴に戦争見物をしていて、流れ弾に命を盗《と》られたのだった。

北部の戦場では間諜《かんちょう》の疑いで南部藩の農夫がつかまった。

佐賀藩の屯所に引き立てられた。

「ご免したんせ、許したんせ」

農夫は泣き叫んだ。佐賀兵はよってたかって農夫を丸裸にして、近くの米代川に頭を突っ込んでは出し、突っ込んでは出し、殺してしまった。

別のところでは巡検隊の隊長が九州弁で、

「敵《てき》ばァおらんかァ」

と叫んだ。敵を夫《てて》と聞き違えた農婦が、家から夫を連れてくると、その場で射殺した。

吉田氏は各地を歩き、このような話を聞いてまわった。

秋田の戦争では敵、味方を問わず、どこの村も火をつけられた。

ベトナム戦争と同じで敵兵が隠れているからと、両軍の兵隊が、かたっぱしから放火した。ある村では兵隊が火をつけようとするのを、隠れていたその家の主が「やめてくれ」と哀願し、

「あっちの方につけたらよかんべ」と苦しまぎれにいった。

その家は放火を免れたが、下の方の民家は丸焼けになった。

このことがいつの間にかバレてしまい、一家はいたたまれなくなって姿を消した。

戦争中、秋田藩は勤王なので二十万石から七十五万石の大大名になると、まことしやかな噂が流れた。足軽でもりっぱな侍になれると、兵隊たちは捕らぬ狸の皮算用に話の花を咲かせた。しかし明治二年、秋田藩主佐竹義堯に加増されたのは、たったの二万石だった。一万石は藩主の手許に残し、残りの一万石を功労に応じて分配したが、もともと雀の涙の石高である。その配分も公平さを欠き、不平不満が充満し、藩の統制力はいちじるしく低下した。こんな藩には居られないと見切りをつけ、反政府運動に飛び込む者もいた。

秋田藩は時代の波に乗り遅れ、やがて廃藩置県を迎える。

「勤王秋田は大いに疑問です。いうなれば、薩長に利用されただけに終わったのです」

吉田氏は語る。

秋田県の研究者は『民衆史のための戊辰戦争一三〇周年記念資料集』という論文集も発行した。ぬめひろし氏ら数人が執筆しているが、秋田在住の人ならではの、きめの細かい取材が目を引いた。

ぬめ氏は秋田藩の装備を取りあげた。

秋田藩の軍装は中世の侍そのもので、伝家の宝刀はもちろんだが、ヨロイ、カブト、槍や弓まで現れた。銃も戦国時代の火縄銃で、風雨のときは使い物にならなかった。

進んでいるはずの雷風義塾の砲術所頭取、吉川忠安《ただやす》の大砲も青銅製の古色蒼然たるものだった。戦争後半には松の木をくりぬいた大砲まで現れ、砂利を詰めて撃った。

唯一、遊撃隊の兵士は洋式軍服、ダンブクロを身にまとい、野戦用の革靴を履いていた。

「秋田藩は少数の勤王派グループがクーデターを意図し、時に暗殺テロも辞さず、独断専行をもって藩の主導権を奪取し、藩論を抹殺した。多数は少数に従い、民衆は無視され続けた」

と、ぬめ氏はいう。

雷風義塾の塾生たちは、なにも考えずに戦争を引き起こし、皆に迷惑をかけたといった。

秋田に限らず東北軍の装備は、似たりよったりだった。

戦争があるとは微塵も考えていなかったので、軍備や戦闘技術の研究は薩摩や長州に比べると、数年遅れていた。

東北最強の会津軍からして、その軍装は遅れていた。

鳥羽伏見の戦争を描いた戦闘図が、『写真図説近代会津百年史』に掲載されている。そこに描かれた会津兵は和装で槍を持ち、薩摩の大砲隊に向かって突進していた。

会津兵は砲弾で吹き飛ばされ、路上に横たわっていた。

槍を持った兵が銃隊に囲まれ、蜂の巣になっている図もあった。この写真図説は明治百年の時に編纂されたもので、見たときはショックだった。

なぜなんだというのが、最初の印象だった。

会津藩の兵士たちは幕末の京都に六年もいた。薩摩藩や長州藩の動きをすべて把握していた。彼らが元込め銃で武装し、ダンブクロを着ていることも知っていた。ところが会津藩の軍装は旧態依然のままだった。理由はいくつかある。

一つはひどい財政難である。東北の会津若松から千人もの藩士を京都に派遣しているのだ。飯を食うのが精一杯で、とても鉄砲は買えなかった。もう一つは古風な武士道である。武士は剣術を磨き、戦いは槍で決するという、まさに中世的発想が根強く残っていた。

三つ目は、幕府への依頼心である。

幕府は慶応三年、フランスの軍事顧問団を招き、歩兵、騎兵、砲兵の近代的陸軍を創設した。いざとなれば幕府陸軍が応援に駆けつける、という甘い期待感があったのではないか。頼るべきところがない薩摩、長州に比べ、会津は幕府という後ろ楯があった。まさかその後ろ楯の屋台骨が腐っていて、アッという間に崩壊するとは夢にも思っていなかった。

会津藩が軍制を洋式に改めるのは、幕府が瓦解して薩長との決戦は避けられない、と判断した慶応四年の二月か三月からである。正直いって時間がなさすぎた。

これは仮定の話だが会津藩の軍装が薩長と同じだったら、白河がたった一日の戦闘で敗れることはなかったろうし、戦争はもっと長期にわたっていただろう。会津藩でさえそうだったのだ。他の藩はおして知るべしであった。

奥羽鎮撫総督府の大山や桂は秋田藩の軍装を見て、笑いを噛み殺したに違いない。彼らにとって大事なのは、列藩同盟の一角を崩すことであり、秋田のことなど本来、どうでもいいことだった。

守屋重太郎氏は、大正十五年に古老がまとめた「耳取合戦記」を紹介している。それは横手市周辺で行われた秋田軍と仙台、庄内の同盟軍の合戦記である。

八月十一日、この日は日本晴れで早朝、角間川を出発した秋田藩兵三百人は、昼すぎには平鹿《ひらか》郡田根森村（大雄村）周辺に差し掛かった。横手市に近いところである。同盟軍も横手方面からここに近づいていた。

秋田の介川隊長は甲冑《かっちゅう》に身を固め、鎧は足軽に持たせ馬に乗った。

肩には「奥羽鎮撫総督」という朱色の布をつけ、つきそう農夫の首には、酒が入った桶がぶら下がっていた。桶には木の椀がついていて、飲みたければ自由に飲むことができた。のどかというか、介川は戦争のセの字も知らない指揮官だった。

仙台兵はダンブクロ姿であった。隊長は竹に雀の模様の陣羽織を着ていた。竹に雀は仙台の紋所である。秋田軍のホラ貝、陣太鼓に対して仙台はラッパを持っていた。

午後四時ごろ両軍は大森街道で激突した。秋田軍の大砲が発射され、同盟軍もただちに応戦した。

同盟軍は堰の土手に身を隠して射撃した。

秋田の物頭《ものがしら》関口小弥太が腰を撃たれて動けなくなり、ついに腹を切って死んだ。

この村のマツという若者が家の隙間から、この合戦をおそるおそる見つめていた。すると秋田の人夫が逃げてきて目の前の肥塚に隠れた。

仙台兵が追ってきて、隠れた人夫を見つけ追い回し、斬り殺した。人夫の首の辺りから飯粒が飛び出して、マツは悲鳴をあげた。

この合戦は同盟軍の勝利だった。しばらくここに同盟軍が駐屯し、村人は戦々恐々であった。

仙台兵は正使志茂又左衛門が殺されているので、復讐心に燃え凶暴だった。つぎつぎと村の民家に火をつけてまわった。小松某は玄関の前に膝をつき、火縄をもった仙台兵が現れるや、平身低頭、涙を流して、

「家を焼くのは、ご免してたんせ」

と哀願し、仙台兵に手を合わせた。これには仙台兵も火をつけるのをあきらめた。

仙台兵はならず者も混じっていて、略奪も働いた。仙台兵が酒蔵を破り、漆塗りの便器で酒を飲んでいたときは「ざまあ見ろ」と村人は密かに笑った。あとでその器が便器と知った仙台兵は、憤慨して器を投げつけ暴れた。

会津を攻めた薩長軍は日々略奪に明け暮れたが、秋田では仙台兵が秋田憎しで暴行を繰り返した。

「農民から見ると食糧を盗られ、酷使されてなんの報いもなかった。戦争が終わってみれば、官軍も賊軍もない、皆、日本人だった」

と守屋氏はいう。これに対して庄内兵は、どこでも評判がよかった。

辻純一氏の「六郷《ろくごう》と戊辰戦争」には、庄内軍が略奪した品を返還した話が載っている。仙北郡六郷町での出来事だった。酒造業京野孝之助の家に庄内兵が押し入った。孝之助は少しもあわてず、酒樽を皆開けて大釜で燗をして、兵隊たちに酒を振るまった。それから隊長にコンコンと略奪の非を説き、町から奪った品物の返還を求めた。庄内の隊長は「分かった」と一言いい、この町で奪った品物を返し、飲み代も払って出て行った。

庄内藩の侍たちは、江戸市中警備に当たっていたという自負心があり、また教育水準も高く、礼儀を心得ていた。

思わず笑ってしまう話もある。

アベツトム氏の「大内町周辺の戊辰戦争」である。

七月十三日の夜、本庄を出発した秋田軍は鳥海山《ちょうかいさん》の麓で夜になった。寒気に耐え切れず、枯れ枝を持ち寄って、焚き火を始めた。兵士は焚き火のまわりに集まって暖をとった。フト見ると見慣れない男がいる。アレッと思って見つめると、男は驚いて立ちあがり、真っ青な顔になり、慌てふためいて、闇の中に消えていった。

庄内兵が間違って焚き火に寄って来たのである。皆ゲラゲラ笑ったが、これは良くあることで、秋田兵の中には庄内の陣地にまぎれ込み、一晩泊まってきた者もいた。軍服が決まっていなかったので、間違いがよくあった。

鈴木弘行氏の「そのとき村はどうであったか」も注目すべき論考である。仙北郡強首《こわくび》村の古文書を通して村民の恐怖と兵隊たちの略奪を描いている。久保田城に近いこの辺りは雄物川が蛇行し、久保田城の防禦線だった。農民は人夫に徴発され、金も徴発された。

「小山田文書」に次のようにある。

一、金三十両　久右ヱ門
一、同　助十郎
一、同馬　治郎兵衛
一、同馬　庄三郎
一、同馬　清五郎

このような代金覚えが残されている。三十両となれば大金である。

この村の戸数は百二十三軒、そこから根こそぎ大金を集めた。ひったくったといった方がいいだろう。明治以降、秋田藩から村人に、びた一文支払われていない。肩に奥羽鎮撫総督府の標識をつけたところで、やることはどこも同じだった。

庄内藩が侵攻するにつれて、自国の領民に対する秋田藩兵の略奪暴行は目にあまるものがあった。強首村では、秋田藩兵に出した賄の数は三千六百七十七回と記録されている。

日本の縮図

というわけで、秋田の維新史は複雑である。日本の縮図のようなことになった。

角館での「戊辰戦争１３０年 in 角館」でもそのことに白熱した論議が交わされた。

秋田がなぜ列藩同盟を離脱したかについて、当時の秋田市長石川錬治郎氏は思い切った発言をした。

「なぜ秋田藩が奥羽越列藩同盟から抜けたか、私は正しい判断をしたと思っております。江戸では西郷隆盛と勝海舟による無血開城で話がついているんです。ところがこの東北では白石に集まって同盟を結成する。最初は会津救済だった。秋田藩の藩論は最初から勤王か佐幕か、きちんと統一されたものではなかったが、最終的に勤王と藩論を統一した。それは世のなかの、世界の、日本の流れを見極めた上で、日本にこれ以上の内乱を起こさず、庶民を犠牲にしないという判断に立って、秋田は正しい選択をしたのです。

会津の方、庄内の方々に厳しいいい方になるが、徳川のためではなく、世のなか、歴史の正しい新しい流れのために秋田は決断した。私はそう思っております」

秋田市民を代表すれば、こういう見解になるのであろう。秋田市長は一気に語った。

ただ市長の見解は秋田県内の研究者をすべて納得させるものではなく、それらを含めてどうフォローするのかが注目された。

このあと秋田の石川市長が「どうも困りました」という表情でしゃべり出した。

「実は私の友人に会津出身の人がいるのです。彼は北海道大学農学部の教授をしているが、同窓の集まりがあって、彼とはよく飲む。すると必ず彼は、お前は裏切り者だという。私はお前らは頑迷固陋で徳川の犠牲になったんだと、いつも口喧嘩をする。すると彼がこういう。薩摩、長州による武断的な明治維新は日本の歴史になにをもたらしたんだ。君は秋田藩は正しい選択をしたというが、征韓論だとか日清戦争、日露戦争、シベリア出兵、日中戦争、そして太平洋戦争、日本の近代の歴史は諸外国に対する侵略戦争の歴史ではないか。こういう政府が明治維新によってつくられたんだぞ、というのです。そうなると、秋田の選択が本当に正しかったのかと、いま考えているところです」

皆、シーンとして話に聞き入った。

ということは、東北には、誰一人勝者はなく、皆、どこかに傷を受けたことになる。

それが東北にとっての戊辰戦争であった。

官軍となった秋田の場合も、心から喜べる明治維新ではなかった。

新発田藩の苦悩

もう一つ苦悩した藩がある。

越後の新発田《しばた》藩である。戊辰戦争を新潟の人々は北越戊辰戦争と呼ぶ。この北越戊辰戦争でも秋田と同じような問題があった。新発田藩の裏切りである。あえて裏切りという言葉を使ったのは、新潟ではこの言葉がよく使われているからである。

私が新潟県加茂市のある寺院に、取材に行ったときだった。

この寺の墓地には会津藩の墓があり、それを撮影させてもらうために寄ったのである。品のいいおばあちゃんが、墓地を案内して下さり、終わってお茶をご馳走になりながら戊辰戦争の話題に移った。なんと、おばあちゃんは長岡の人だった。

「私は長岡の生まれなもんですから、父や母から新発田の人は裏切り者だから口をきいてはなりませんと教えられて育ちました」

とおっしゃった。

「そうですか、それでいまでも新発田の方とはしゃべらないのですか」

私は聞いてみた。すると、おばあちゃんはニッコリ笑って答えた。

「とんでもございません。お茶の集まりが新発田でよくございまして、出かけております。皆さんいい方ばかりで、おしゃべりして帰ってきます」

おばあちゃんは、そういってクスクス笑った。

寺のおばあちゃんは、新発田の方々と和解していたが、長岡や会津の人には、新発田に微妙な気持ちを抱き続けている人が、私の周辺に何人もいた。

新潟在住の作家中島欣也《きんや》氏の作品に『裏切り』がある。この作品は、真っ正面から新発田藩の行動を追跡した力作である。中島氏は長く新潟日報の記者を務め、晩年は編集担当の役員だった。

その方があえて『裏切り』という題で新発田藩を書いたことに私は惹かれた。
「新発田藩が考え、悩み、決断して、通ってきた道は、案外西欧合理主義に近いものだったかもしれない。とすれば、それは単なる裏切りで、切り捨てられるものだろうか。いや、いや、美化する必要はない。それは本当に、単なる卑怯者の裏切りだった、という見方も成り立つであろう。だがしかし、と私は思った。それを真に非難できる人はいるでしょうか。外野席からではなく、自分をその場に置いてみて」

と中島氏はいった。

そして「あとがき」で「戊辰戦争のときの、新発田藩の行動については、これまで卑怯とさげすまれ、裏切りとののしられる場面が多かったであろう。新発田人自身も、なにとはなしにやり切れぬ思いを抱いてきた人も、あったのではなかろうか。しかし、裏切りとはなんなのか。戊辰戦争の新発田藩は、それに該当するものだったのか。それは、けしからぬことで、一刀両断できるものなのか」と述べた。

新発田藩はなぜ、同盟を離脱し、その結果、戊辰戦争にどのような影響が出たのか。

私は中島氏の考察をふまえながら『新発田藩史』や会津藩や仙台藩の史料を使い、裏切りの核心に迫ってみた。

『新発田藩史』は詳細に新発田藩の経過を説明している。徳川慶喜が大政奉還を上奏するや新発田藩江戸詰家老窪田平兵衛《へいべえ》はただちに京都に上った。

入京した平兵衛は状況をつぶさに把握し、鳥羽伏見の戦争で幕府、会津が敗れるや、大勢は決したと判断、江戸藩邸や国元に新発田藩のとるべき道を記載して急報した。その概要は次のようなものだった。

一、徳川家は万端失策、挽回の勢いは見られない。徳川家に異心はないが、この際は藩兵を上京させ御所の警備に当たらせたい。
一、万一、関東のご評議が戦いに決したときは、わが藩も徳川に味方するのはやむを得ない次第だが、藩兵を上京させておけば、当方でなんとか朝廷の了承を得る方法もあろう。朝敵の汚名をおわないことが肝要である。
一、もし徳川御味方と決定したときは、自分ら一同は京都を引き払わねばならないが、京都の出入り口はふさがれているので、袋の鼠同様である。一同「しばり首」も致し方なしと覚悟している。ご協議の結果は急使でお聞かせ願いたい。

窪田平兵衛の第一報は非常に的確なものだった。

新発田藩十万石は佐幕派である。幕府が崩壊の危機を迎えるなど夢にも思わぬことだった。急報を受けた新発田藩の首脳部は、ただちに、これに対応していることがまず注目される。

このとき藩主溝口直正と前藩主直溥（静山）も江戸にいた。さらに江戸には溝口伊織と速水八弥らの家老もいた。

藩首脳が江戸におり、そこで決済ができたことも素早い行動につながった。

二月には江戸と国元から四百余名の兵が上京し、御所の警備についた。

西郷や大久保にとって新発田は覚えめでたい藩であった。

新発田藩にとっての次の問題は会津藩だった。

会津藩は新発田藩の周辺に領地を持っており、薩長と敵対関係にある限り、新発田も戦争に巻き込まれることは必至だった。

すでに会津藩と長岡藩は抗戦の構えであり、二月二日には会津藩の新潟酒屋陣屋で越後諸藩と会津藩との新潟会談が開かれていた。

会津藩から井深宅右衛門、菅野安之助らが訪れ、長岡、村松、村上、新発田と高崎藩の預かり地一ノ木戸の代表が出席し、会津藩への支援要請があった。新発田藩が兵を上京させる前だったので、会津藩はこの動きを牽制し、強行に中止を求めるいきさつがあった。新発田藩はこれをなんとか逃れ、既定方針通り兵を上京させたが、会津にとって新発田藩は油断のならない警戒すべき藩に写った。

隣藩の会津からは強く支援を求められ、京都との間に立って思い悩む新発田藩の姿があった。

私は会津藩の周辺対策が、大きく遅れていたことを指摘せざるを得ない。

薩摩と長州が同盟を結んだ段階で、これからは同盟の時代だという認識が会津藩にあった。その先駆けとして長岡藩とは二度ほど協議をしたが、越後はおろか仙台や米沢との協議も大きく遅れ、朝敵として追討される事態を迎えてしまった。

もう一年、近隣諸藩との同盟交渉が早ければ、大政奉還も含めて事態は大きく変わっていたと私は思っている。

早い話、領地が隣り合っている新発田藩とさえ、なんの協議も行わないうちに、会津藩は朝敵とされてしまった。

近隣諸藩との日頃の接触の足りなさも新発田藩の動向に影響を与えたと私は見る。

第三章

官軍と賊軍

▶萩城天守閣跡

『復古記』

戊辰戦争とはなにか。

明治維新直後、明治政府は王政復古を示す歴史書の編纂を開始した。それが『復古記《ふっこき》』である。明治二年から太政官《だじょうかん》の手によって開始された『復古記』は、内閣臨時修史局、帝国大学臨時編年史編纂掛に受け継がれ、明治二十二年、十七年間の歳月を費やして全十五冊の刊行をみた。

内容は開明派の国家の軍隊、官軍が保守頑迷で時代に乗り遅れた東北、越後の賊軍を敗り、輝ける明治国家を建設したという勝利の宣言だった。

薩長軍は日本国の軍隊であることが認知され、同盟軍はそれに刃向かった賊軍と明確に規定されたのである。

明治の歴史教育は、ここから始まった。

戊辰東北戦争は第十三冊から始まっている。しかし編纂の基本は勝者側の勝利の記録なので、内容も戦闘の経過に終始し、戦争の史的意義、経済面との関連、一般民衆との関連などは記述されていない。今日の視点でいえばきわめて不十分ではあるが、戦闘経過に限れば、実に詳細に記述され、第一級の史料であることに変わりない。

具体的な記述は、たとえば会津城下の戦いの場合、「官軍、若松城を攻む。城堅くして抜けず。火を外郭に放ち、退いて天寧寺《てんねい》、三日町、六日町、甲賀町、馬場町、大町、桂林寺、米沢口を扼し、長囲を築き、もって諸路の官軍の至るを俟《ま》つ」といった見出しがつき、そのあとに各藩の戦闘日誌や従軍記が並ぶ形式になっている。

私は昭和四十一年（一九六六）に『会津若松史』第五巻の編纂に加わり「戊辰戦争と会津藩」を執筆した。このとき私は『復古記』を分析して戊辰戦争に加わった薩長軍の規模を算出した。その薩長軍の兵力は白河口、日光口、北陸道、平潟口、越後口、東山道の六方面に投入された。その兵力は次のようなものだった。

薩長軍（官軍）投入兵力

白河口・日光口	一〇、三〇〇人と一大隊・三中隊・一二小隊
北陸道	一〇、九五一人と一一小隊
平潟口	七、九九五人と四砲隊・一大隊・五中隊・五一小隊
越後口	三二、〇六〇人と一砲隊・三六小隊
東山道	六、三九〇人と二九小隊
計	六七、六九六人と五砲隊・二大隊・八中隊・一三九小隊

大山柏の『戊辰役戦史』を参考に人員を算定すると、一応の目安は一大隊は約五百人、一中隊は約百人、一小隊は約四十人、一砲隊は約百二十人である。それを加算すると、七万五千人前後の兵となる。それにこれとほぼ同数規模の従卒が徴発されたとみられる。

この数字の基礎となったのは、幕府陸軍の編制表であり、必ずしもすべての隊に当てはまるとは限らない。たとえば薩摩藩の場合は、一小隊が約百人である。

あくまでも目安と考えるべきである。

大決戦となった会津若松の戦闘には、白河口、越後口、日光口の兵、延べにして四万人前後が参戦している。

少し多いように思えるが、『復古記』からは、このような数字が読みとれる。ただし官製の記録なので、自分に不都合なことは原則的に省かれている。戦闘の残虐行為についての記述も見当たらない。

官の記録とは、このようなものだということが分かる。

鳥羽伏見のあと、薩長になびく「なだれ現象」は一気に加速され、われもわれもと薩長軍の旗になびいた。会津若松の攻撃に加わった諸藩は一体、どのくらいか。

『復古記』や『会津戊辰戦史』『会津戊辰戦争』に出てくる藩名は薩摩、人吉、佐土原、熊本、小倉、佐賀、久留米、柳川、肥前、鍋島、大村、長州、芸州、備前、今治、土佐、松坂、彦根、尾州、中津、大垣、松本、松代、飯山、高田、館林、宇都宮、太田原、加治木、水戸、黒羽、新発田、米沢、三春など全国津々浦々、三十数藩に及んでいる。

資金提供とか食料援助とか、なんらかの意志表示があった藩を加えると百を超える。米沢藩、三春藩はかつて同盟の一員だった。米沢は会津城下に敵が侵入したその日に、降伏を決めた。怪我人を少なくという配慮だったが、会津人は「米沢狐」と呼び、以来、両者の関係はぎくしゃくしたままになっている。

こうして全国津々浦々から会津に攻め込んできたわけで、自己保持のために薩長にすり寄り、われもわれもとなりふり構わず、官軍という名の薩長軍の仲間入りをしたことになる。長いものには巻かれよ式の、日本人の体質がよく表れている。

『奇兵隊日記』

『復古記』のなかで、もっとも重要な史料が長州藩の『奇兵隊日記《きへいたいにっき》』（定本）と薩摩藩の『薩藩《さつぱん》出軍戦状』である。この史料に何が描かれているのか。まず『奇兵隊日記』である。

『奇兵隊日記』は文久三年の奇兵隊の結成から、明治二年の奇兵隊の解散までの経過を記録したものである。高杉晋作の意向により山口藩庁の公式記録として編纂されたもので、諸隊の法令、指令、人事、処罪、給料、武器、服装、病院など時を追って編纂した「部寄」、諸隊の人員表を記載した「名簿」、各隊の「戦闘記録」「戦功録」などから成っている。

正本は長く京都大学付属図書館に保管され、昨今では平成十二年に山口県徳山市のマツノ書店から限定五百五十部で全三巻、別冊二巻の『定本奇兵隊日記』が発行されている。

泣く子も黙るといわれた奇兵隊が海路、越後の戦場に姿を見せたのは、慶応四年五月である。長州軍は上越の高田に侵攻し、そこから小千谷《おぢや》を占領し、信濃川をはさんで長岡藩を主力とする同盟軍と対峙した。会津藩は佐川官兵衛の朱雀隊を派遣した。米沢も参戦した。軍事書だけに同盟軍の分析はかなり客観的で、長岡藩兵の予想以上の強さに戸惑いすら見せている。越後における同盟軍の善戦は、この史料からも十分にうかがえる。

内容の一部をのぞいてみよう。

五月二十七日
一、仙台、米沢二藩は会津謝罪を口実として、奥羽諸侯と会合し、奥羽鎮撫府の全薩長兵を、ことごとく討ち取るとの論に決した。
一、参謀世良修蔵が戦死。その首を仙台に送り、髪を会津に送る。胴は千曲川（阿武隈川の誤り）に投じると、本日、白河城回復の節、仙賊の日記分捕り中にありと。奥羽の形勢、いまだ確報を得ずといえども、多分事実であろう。
一、本月一日、白河城に攻め寄せる敵を掃討、官兵の死者はわずかに十人。賊首級三百首余討ち取りと実に大勝利なり。
六月六日
一、朝、筑前蒸気船当港（今町）来着、ミネール弾薬八十余万、大砲四門、同弾薬千数百発、元込め小銃弾薬三万発、その他属具はじめ梅干、香物、草鞋《わらじ》にいたるまで山のごとく沢山来たる。
六月十三日
一、奥羽の賊焰《ぞくえん》はなはだ盛んで、官軍よほど危急の趣、わが藩藤村録平注進す。

六月十四日
一、長岡より一里先で、今暁より戦争これあり。薩州人怪我多しと。

長州兵は奥羽の動きを確実につかんでいた。戦闘が始まるや、物量作戦で同盟軍に対抗したが、越後では同盟軍の反撃に会い、苦戦を強いられていることも記述されている。米沢藩の戦略通り、越後の海に旧幕府海軍の軍艦が浮かんでいれば、薩長軍は補給路を絶たれ、敗退の可能性も十分にあった。

その証拠に同盟軍が新潟港を抑え、ここから武器弾薬を輸入し、前線に投入すると俄かに列藩同盟の気勢があがり、さしもの奇兵隊も越後で足どめになり、会津若松への進撃が大幅に遅れた。このため会津攻撃は薩摩と土佐が受け持つことになる。

長州兵が越後で苦戦し、会津若松入りが大きく遅れたことで、『奇兵隊日記』は会津若松の攻防戦の記述が極端に少ない。越後の津川会議所の日誌に、会津若松城下での戦死者名簿の一部が記載されている程度である。

越後の同盟軍がいかに善戦したかが、この日記から読みとれる。

これは長州藩にとって、大きな誤算であった。会津攻撃を最大の目標にかかげてきただけに、河井の死にもの狂いの反撃は、まったく計算外のことだった。

新発田の裏切りがなければ、戦争はもっと続いていたはずだった。

『奇兵隊日記』は表の記録とすれば、米沢の史料は裏の記録である。米沢の史料には細かい情景描写があり、越後の戦争の様子が彷彿と浮かんでくる。

「五月十八日より長岡戦争で災焼数百軒、町屋一切残らず。会津藩長岡方面に出勢、長岡、会津両藩三度勝利を得、官賊は手安いと油断大敵の戒めを忘れ、怠りしところに、官軍、信濃川を夜のうちに渡り、長岡へ一度に火を懸け、どっと喚《さけ》んで打ちかかる。長岡勢、たまらず朝日山に退く。会津は小千谷に放火、敵味方撃ち合う弾丸雨霰《あめあられ》のごとし」

これは長岡藩が油断していて、敵に攻められたという記事である。

「五月二十九日、敵味方の撃ち合う砲声天地に響き、煙は天を覆い、飛び来る弾丸雨のごとし。衝鋒隊長進め、進めと抜き身の下知、この勢いに敵は銃器弾薬相捨て、蜘蛛の子を散らすように敗走す。この日の戦争、これを限りとして、夜を明かす。山上より見渡せば与板《よいた》まで数里の間、敵味方の篝火《かがりび》は一天の星と異ならず、冷え冷えと広がっている」

戦場の夜空の光景など感情がこもった描写である。

「六月一日、赤坂戦争、山下はじめ多数討死、桃井隊の中島友蔵が生け捕られた。見附市中をさらし、河原に連行、指を切り落とし、股を切り取り、腹をちぎり、なぶり殺しにいたせし由、哀れともむざんなり。面体《めんてい》変われども生まれつき三ツ口ゆえ中島とは知れけり。このときの戦争は会津勢も上京のみぎりより数度の戦争に出会うといえども、かくのごとき苦戦はなかりしと、恐怖して話ける」

戦争の凄惨な姿を、驚きの目で見つめる描写もある。

捕虜は両軍ともに虐殺の対象になった。「なぶりもの」も日常茶飯事で、兵士の欲求不満や恐怖感が「なぶり殺し」という現象になって表れた面もある。

この北越戊辰戦争で一体、どれだけの死者が出たのか。長岡市中央図書館長稲川明雄氏の「慶応戊辰戦没戦死者数より見たる攻防戦の実態」にその数が出ている。

それによると同盟軍の戦没者および戦死者は、千百九十三人である。戦死者がもっとも多いのは米沢藩で二百六十八人。以下、長岡藩二百五十九人、会津藩二百十七人、水戸藩百七十五人の順になっている。

ちなみに長州藩は一坂太郎氏の『防長戊辰掃苔録《そうたいろく》』によると、戊辰戦争全体で山口藩四百二十七人、長府藩五十三人、徳山藩十四人、岩国藩十八人という数字になっている。『奇兵隊日記』にも一部死傷者の人名が記載されている。

長州藩は戊辰戦争でどう戦ったのか。勝者の記録の裏にある実態の解明は、これからである。

長州軍の主力を占めた奇兵隊については、歴史家田中彰氏の数々の研究がある。

長州藩の軍制改革の特質は薩長同盟、雄藩連合という横断的な結合の上に行われ、西洋陣法を採用し、国中の兵をもって、ことごとく銃隊を編制するというものだった。

これにそい慶応元年には、長崎でゲベール短筒銃四千三百挺を七万七千五百両、ゲベール銃三千挺を一万五千両で購入している。人材の登用も行われた。東北諸藩と根本的に異なるのはその基本理念だった。

幕府との戦争を念頭におき、軍制改革の責任者大村益次郎は次のような方針で臨んだ。

「四境に幕府の大敵を引き受けるとなれば、今日の諸隊や世禄の士族隊では到底対抗できない。

この際、農町民から募集して兵役に就かせる必要がある。給与は藩が負担する。やたらに烏合の衆を集めても役に立たないから兵式訓練を行うべきである。軍艦の購入も不可欠である」

これを見ると基本的に高杉の意見と同じである。藩をあげて幕府との戦争に臨んだことが分かる。

長州藩の総兵力はそれによると十七大隊、一大隊は四百三十人、六砲隊、一砲隊は半砲隊砲八門、兵九十三人と騎兵一中隊九十三人で編制された。単純に加算すると、歩兵は約七千三百十人、砲兵は砲九十六門、兵千百十六人。これに騎兵隊などが加わり、一万前後の兵力だったと考えられる。

農町兵には年齢の規制があり、農兵は十六歳から三十五歳、町兵は十八歳から四十歳までだった。武士階級ではなく足軽、中間《ちゅうげん》、農民が必要欠くべからざる軍事力として編制されていた。

長州藩の特徴は文字通り領民皆兵であった。ただし、戊辰戦争に全員が出兵したわけではなく、約半分の五千人ほどが出兵している。

『薩藩出軍戦状』

薩摩藩の軍事組織は城下諸隊、外城諸隊、私領隊の三つに大別された。鳥羽伏見の戦争に三千を投入、西郷隆盛が全軍を率いた。

戦闘記録『薩藩出軍戦状』は、鳥羽伏見から戊辰戦争終結までの全公式記録で、これも戊辰戦争研究には欠かせない貴重な文献である。

最大の激戦となった会津攻撃の主力は薩摩だった。

会津攻めには小銃三十三小隊、大砲四隊が参戦した。一小隊の人数は前装のミニエー銃を持った戦兵約八十人と斥候兵、狙撃兵、小荷駄方約四十人、合計百二十人余である。

三十三小隊というと、約四千人である。

『薩藩出軍戦状』で目を引くのは番兵一番隊小隊長伊藤祐徳の手記である。

伊藤は品川沖から「三邦丸」に乗船し、常陸の平潟に向け、出帆したときの兵員の数を記載している。

「九番隊百六人、十一番隊百十六人、三番砲隊八十七人、番兵一番隊半隊四十七人、本営人数二十三人、本営付け役九人、総合三百八十三人」

とある。各隊を合わせると三百八十八人なので、どこかで数字が違っているようだが、それはともあれ、隊員の数はバラつきがあり、一隊何人と、はっきりいえないことが、ここからも分かる。

砲隊は四斤山砲八門の隊と、四斤山砲四門と携臼砲二門の隊があった。人員は伊藤の手記では一砲隊が百人前後になっているので、会津に来た大砲四隊の兵員は四百人前後と推定される。

歩兵と砲兵を合計すると薩摩軍は、正規兵四千五百という大軍を会津攻撃に投入した勘定になる。指揮は西郷の腹心である参謀の伊地知正治《いじちまさはる》がとった。

手記を書いた伊藤は鳥羽伏見戦以降、各地を転戦し、会津攻撃戦に加わった。伊藤は教養もあり、人間の目で会津の戦闘を見つめているのが特徴である。血の通った記述もいくつかあり、貴重である。

以下、伊藤の手記にそって会津の戦闘を追ってみる。

薩摩の先鋒部隊は八月二十三日早朝、会津城下に突入した。しかし伊藤の小隊は、この日、朝十時に猪苗代を発ち、午後三時に会津城下に到着した。

すでに城下は焰々と火の手があがり、会津軍は城門を固く閉ざし、城内に攻め入ることは困難であった。伊藤が家中の屋敷に足を踏み入れたとき、六人の子女が殺害されているのを目撃した。傍らに野中正兵衛なる者が屠腹していた。

「愍然《びんぜん》（ふびん）に候」

伊藤はこう記し、人間としての情を見せた。長州の『奇兵隊日記』と異なるのは、この人間的描写の部分である。

伊藤は日々、次のように戦闘状況を記録した。

二十五日、甚之丞を生け捕りにし、大田垣村に火薬庫三棟があるのを聞き出し、本営から大砲を差し回してもらい四斤砲で砲撃すると、火薬庫が大音響をあげて破裂し、山が崩れ、木石を吹き飛ばした。

二十六日からは青木山に陣を構え、会津城を眼下に見下ろし砲撃を加えた。賊兵は狼狽し、突撃して来たが撃退した。肥前藩のアームストロング砲が砲撃を始めた。この夜はひどい雨で難儀、兵士二人が怪我を負った。

九月一日、怪我人を三春病院に転送した。

九月四日、日光口の官軍、薩摩、肥前、館林、黒羽、宇都宮、中津の藩兵が若松より三里のところまで来た。

このなかには会津の史料にないものも多く含まれている。たとえば九月九日の火災である。

「今晩九時、七日町より失火が起こり宿営八町余が焼失した。官軍各隊、弾薬の運搬のため大混雑だった。同夜一時に鎮火したが、宿営の半分は焼け、当隊の宿営も焼失した。この混雑に乗じて賊兵が突撃して襲撃すれば、きわめて危なかったが、城内から発砲するだけで、突撃はなく、急迫している様子だった」

この火災、薩長軍は肝を冷やしたが、なぜか、『会津戊辰戦史』には記述がない。九月七日に佐川官兵衛の部隊が食料を求めて城外に転じており、火災に乗じて突撃する部隊がいなかったせいかもしれない。

九月十四日の記述も注目される。

「本日八時から各藩砲撃を始め、四時ごろまで砲声は間断なかった。城兵は大いに急迫、花畑や天寧寺口から突出し、戦争は激烈となったが、賊兵は追々、敗走して城内に入った。この日、各藩で生け捕りの者が多く、取り調べたところ城内の形勢は老人、婦女子が啼泣の様子が明らかで、本丸天守閣には数十発が命中し、瓦は破裂し、その他家屋の破壊ははなはだしいとのことであった。防禦が周致で火災には至らないが、大手門の大砲が三、四発応戦しているだけで、窮蹙《きゆうしゆく》（勢いがなくなる）の体《てい》に見える」

会津藩は戦闘能力を失ったと記述した。

翌十五日にも同じような記述がある。

「この日も昨日と同様に各藩持ち場から砲撃を開始し、日没まで間断なく砲撃した。賊兵はますます急迫し、昨日より本日に至るまで死亡者数百人、食料は乏しく、白米と玄米を半分ずつ取り混ぜ、炊事している由、生け捕りの者が申し出た。また米沢藩が降伏謝罪し、兵隊二大隊を若松に派遣して来た」

こうした記述を見るにつけ、この戦争には人道的配慮がまったく欠けていたことが明白になる。城には多くの非戦闘員がいたのである。無抵抗な人間をここまで砲撃する必要があったのか。官軍を標榜する薩長の参謀たちは、無差別大量殺害を黙視し、人間性を大きく問われる残忍な戦闘を連日、繰り広げていた。明治維新最大の汚点が会津城下の戦争だった。同時に会津側にも婦女子や老人を解放しようという動きはない。炊事、看病、弾薬の製造と婦女子の活躍は目覚ましいものがあり、それはできなかったであろう。

戦争に対するに日本人のモラルの欠如は、会津戦争に始まったといってよい。宮崎十三八氏が板垣退助は信じないといったのは、十分にうなずける。少なくとも、無抵抗の婦女子を含めて皆殺しをはかった会津戦争の驚くべき実態には胸がつまる。

伊藤の日記はさらに続く。

九月十七日、青木村で佐土原藩兵は会賊の側役を生け捕りにし、重役一名はその場で割腹した。

九月十九日、賊は糧食、弾薬ともにつき、一層急迫していると生け捕りの者が語った。この日、会津重役手代木直右衛門、用人一名、従者三人が降伏嘆願のため米沢藩の陣所に忍び入り、米沢藩兵は手代木を縛って参謀のもとに連行し、会津藩の降伏が決まった。

九月二十二日、会津藩主松平肥後守《ひごのかみ》降伏につき、ほどなく城を出ることになった。その際、みだりに城内に立ち入り、不作法の儀がないよう伝達があった。

賊は城内の砲器類を大手門に持ち出し、官軍が受け取った。賊徒の役人が無刀で、員数を改めた。それから大手門から甲賀町までの間に、白いさらしに降参と大文字に書いた旗が三ヵ所に立った。降参の場所は幕で囲い、毛氈を敷いた。

降伏式は午前十時から行われ、会津藩主父子が麻の上下《かみしも》を着し、無刀で筵の上にひれ伏し、謝罪状を出し、降参した。重臣の者ども上下を着して左右に従い、ひれ伏した。父子の大小刀は従者が持ったが、家臣たちは無刀であった。

このあと一旦城に戻り、会津藩主父子は大手口から駕籠に乗り、滝沢村の妙国寺に入って蟄居した。従う者は三十人、すべて無刀であった。

夫人も妙国寺に入った。従女は十人余であった。

伊藤はこのように、事実を淡々と記した。

伊藤の手記をよく読むと、会津にどこかで同情を示しており、一般の薩摩兵士の感情としては、このおぞましい戦争に、複雑な思いを抱いていたことが分かる。

伊藤の小隊は十月二日に会津を離れ、仙台に向かい、七日に二本松に到着した。東北は雪の季節であった。伊藤の小隊は朝廷から防寒用の毛布を支給され、さらに福島に向かうと、白河口総督から感状を贈られ、御酒料として六十五両、鯣《するめ》代として三十両を支給された。仙台も降伏したため、伊藤らは勝利をかみ締めながら東京に戻る。

このころ、会津藩士とその家族は罪人として猪苗代や高田村などの民家に謹慎を命じられ、男たちは地べたに伏して号泣していた。女たちは夫や子供を失い、寒さに震えた。

勝者と敗者のあまりにも異なる光景である。

『薩藩出軍戦状』は伊藤の手記を掲載した部分で、光るものがあり、史料的価値はきわめて高い。『薩藩出軍戦状』の紹介は、ここで終わるが、この史料は『奇兵隊日記』を上回る多彩な内容となっており、さらなる分析、研究が望まれる。

なお薩摩藩の兵制については『幕末維新論集』に原口泉氏の「薩摩藩軍事力の基本的性格」と題する詳しい記述がある。

『土佐藩戊辰戦争資料集成』

土佐藩には、従来まとまった戦闘史料はなかったが、平成十二年（二〇〇〇）に高知市民図書館から『土佐藩戊辰戦争資料集成』が発刊され、戊辰戦争研究に一石を投じた。

内容は「東征記」「勝沼安塚戦記」「杉本清晟実践記」「奥州軍記」「伏水戦争記」「北越懸軍誌」「戊辰戦争従軍日記」「断金隊出陣日記」「陣中日記」「会津征討日記」「北越従軍行記」さらには「小笠原唯八書簡」「戊辰従軍戦士名籍」「随筆」「新聞・雑誌」まで入り、未公開の史料をも、ふんだんに収録している。

とてもすべてを紹介できないが、そのなかからいくつかを紹介し、土佐の立場を論及したい。

土佐の史料の特徴は、私的な記録や文筆家による聞書が多く、表現が情緒的である。

会津藩と土佐藩は京都時代、友好関係にあったこともあり、会津戦争の悲惨さをこれでもか、これでもかと記述している。

「東征記」は自由民権運動家片岡健吉の編纂である。片岡は二十五歳で会津戦争に参戦した。会津城下侵入の日を片岡はこう記述する。

「城兵突出して防戦した。兵のなかばは槍隊である。皆死を決して勇闘し、勢い、はなはだ烈しい。わが兵奮撃してこれを屍《ころ》し、賊兵免れて城に入る者数人のみである」

「官軍黎明より夜間にいたるまで奮戦する。賊もまた死を覚悟で防戦する。官軍の死傷はなはだ多い」

「官軍の夫卒と偽って、営中に紛れいる者がいる。放火の害もはかり知れないので、怪しき者を見受けたときは、留置糾明し、各藩の人足の印がある者は、その藩の本営に引き渡すこと」

会津藩兵が人夫に紛れ込んで、放火など特殊工作をしていたことが分かる。しかし、この記述はこれ一回限りで、会津藩のゲリラ攻撃は少なかったようである。

清川以清の「奥州軍記」は、地獄の町と化した城下の様子を伝えている。

「会津に押し入ったところ、会津入り口から大手まで二十丁のところに死人が隙間なく倒れていた」

とある。犠牲者が多いのは槍隊の突撃のためだった。

鳥羽伏見でもそうだが、会津の戦法は槍隊の突進であった。これは犠牲が大きすぎるとして、兵制を洋式に改めたが、元込め銃が行き渡らず、大砲も不足し、ふたたび旧式の戦法をとらざるを得なかった。

横山黄木の「奥州紀行」は戦後、横山が戦場を訪ね歩いて記述したものである。

筆者は高知新聞社の記者や高知市内の学校長を務めた人で、板垣に会って取材もしている。会津落城の部分は悲劇的に描かれている。

「城兵はよく戦ったが、援軍がなく通路も絶たれ、加えて官軍の砲撃はますます激しく、惨雲が城を包み、士女は硝煙に咽《むせ》び、弾は尽き、砲くだけ、陥落した。保科《ほしな》氏二十余万の領地を失い、徳川氏の犠牲となり、王師に反抗し、天下の兵を受け、ここにいたって万策尽き、いかんともなし得ず、一片の降旗が大手門に立った。実に明治元年九月二十二日である」

さらに著者は「会津陥落のあと、藩士の殉死する者が多かった。兄弟、山に入り、刺し貫いて殪《たお》るもの、父子民家に隠れ腹を切るもの、夫妻が土蔵で剣に伏すもの、その惨状は酸鼻を覚えるものである。これをいちいち記すと、一巻の書物になってしまう」とも記している。

あさましきは武士かな

土佐の資料集は、昨今の編集なので、戦後の歴史学の成果を十分に取り入れ、兵士の手紙も収録している。

「語りつがれる戊辰戦争」と題する安岡憲彦氏のリポートもその一つである。土佐藩士安岡覚之助が、土佐を出て会津若松までの陣中に国元に宛てた手紙である。

「江戸尾州邸より一筆謹啓」という書き出しで始まる覚之助の手紙には、「江戸城討ち入りが中止となり、官軍も最初の勢いと異なり、鈍くなり、困っている。昨日は酒を頂戴し、相撲も見物した。今日の情勢では格別のことはなさそうである。もはや時節は桜花爛漫、戦いなどいやな気持ちになってしまった」と自分の気持ちを正直に書いている。

土佐藩士としては、花見の時期に戦争などしたくないという気持ちであったろう。もう一通は日光口の戦場に届いた母の死である。

「母の死を知り悲しみが深く、英気も挫けてしまった。敵は近くにおり、戦争を続け、たまたま勝利を得たが、母の喪に遇《あ》いながら戦をしているとは情けない」と嘆くのである。そして「あさましきは武士かな」と自嘲、偽りのない心情を吐露している。

覚之助がいうように、戦争は実にあさましいものだった。土佐の兵士たちも己を官軍、会津を賊軍としてはいるが、賊軍も人間であるという気持ちが心にあり、戦争の意味を見出せず困惑していた。

しかし土佐藩が積極的に和平工作に乗り出した事実はない。いささか「ことなかれ主義」の土佐藩の実態が浮かんでくる。もう一つ、この資料集には意外なものも含まれている。

会津藩士遠藤蕃の遺稿集である。

遠藤蕃は嘉永四年に会津若松に生まれている。当時十八歳の青年であった。会津に薩長軍が迫るや佐川官兵衛の率いる朱雀隊に所属し、越後の戦場に出た。

河井継之助の長岡軍と行動をともにし、弾丸雨飛のなか、河井と佐川が掛け声をあげて堤防を走る場面が描かれている。河井のこうした戦いぶりが、命とりになる。良きにつけ悪しきにつけ、河井は率先垂範の猛将だった。

中ノ町の戦闘では、老若男女が数珠を手に土下座し、

「どうぞ火をつけてくださるな」

と哀願したとある。ここの敵はよほど狼狽して逃げたと見え、宿営にしていた寺の前には、ズラリと釜が並び、酒も燗をしてあった。飲食物は毒が入っている心配があったので、遠藤らは一切手をつけなかったが、寺の本堂に金子が放置してあり、遠藤は大金百三十両を分捕ったという。

七月の末には一度奪われた長岡城を回復した。しかしそれは、はかない夢であった。新潟方面に火の手があがり、新発田藩の裏切りによって、官軍が新潟に上陸し、出雲崎《いずもざき》の朱雀隊は腹背に敵を受けることになった。

遠藤は会津へ退却し、城下で戦うが、どのようにして土佐の資料集に会津藩士の遺稿集が入ったのか。

遠藤は戊辰戦争のあと北海道に移住、余市《よいち》で没した。生前、戊辰の戦乱を息子に口述筆記させたのが、この遺稿集である。明治以降、遠藤家は婚姻を通じて土佐勤王党の武市瑞山の一族と親戚関係になり、平成二年に遠藤家から土佐の方に、この遺稿集が贈られた。編纂委員会では、会

津にはない史料ということで、今回収録したのだった。貴重な文献である。

会津戊辰戦史

最後は『会津戊辰戦史』である。

会津藩の記録は薩摩や長州に比べれば、微々たるものである。

大政奉還で追われるように京都を脱出したので、そこで多くの史料が失われ、会津戦争で決定的に散逸してしまった。重臣の家も焼失したので、ほとんどの書類が失われた。

それだけに『会津戊辰戦史』の編纂も困難をきわめた。東京帝大総長を務めた山川健次郎が編纂の責任者となり、会津関係者をあげて史料の収集にあたったことは前に書いた。今日、われわれが使っているのは昭和五十三年に続日本史籍協会叢書として東大出版会からの覆刻本である。

歴史学者丸山国雄氏の解題にもあるが、この本の編纂の目的は会津藩の正義を訴えるためだった。『復古記』や『奇兵隊日記』『薩藩出軍戦状』は自らを官軍、会津を賊軍と決めつけたのに対して、この本は官軍を西軍、同盟軍を東軍と呼び、対等の立場を貫いた。会津藩の立場で編纂する以上、このような呼び方になったのであろう。

ここで指摘しておかなければならないことは、同盟軍も官軍の意識で戦争に臨んだという事実である。

「上は皇室を尊び、下は人民を撫恤《ぶじゅつ》し、皇国を安らかにせんため奥羽列藩は同盟を結んだ」これが東北の諸藩が同盟結成にあたって作成した前文だった。どこから見ても意識は官軍であった。ともに天皇を戴く皇国の民であり、国家像に関する限り基本的な違いはなかった。つまり官軍と賊軍の戦いではなく、同じ目標を持った者同士の戦争であった。

『会津戊辰戦史』に一貫して流れるのは、会津は朝敵にあらずという告発である。

藩主松平容保は鳥羽伏見の戦争後、朝廷に恭順の意を表したこと、しかし薩長は、あらゆる口実をもうけて会津藩を戦争に追い込んだこと、さらに奥羽鎮撫総督府参謀の長州藩士世良修蔵が会津の謝罪嘆願を拒否し、それゆえに仙台藩士に暗殺されたこと、それらを明記し、薩長軍は正義の軍隊にあらずと主張した。

記述の中心は、会津若松の戦闘である。

これは多くの史料や証言をもとに、細大漏らさず記述した。

薩長軍の残虐行為、理不尽な行為も数多く集め、広く世間に公表した。

飯盛山で自刃した白虎隊の少年たちの遺体が、埋葬を禁じられたため、風雨にさらされ、雪にうずもれ、烏や野犬の餌食になった事実を明らかにした。

見るに見兼ねた滝沢村の肝煎吉田伊惣次が、村民とはかって収容して埋葬したところ薩長軍の兵士に見つかり、逮捕、監禁されたことも記述した。

女子も剃髪し、薙刀を手に従軍したことも収録した。

紙面の都合でこれ以上、詳しく記述することはできないが、歴史は両面から見なければ客観的な分析は不可能だということをこの本は教えてくれる。

歴史教科書のなかの戊辰戦争

私は昭和三十二年（一九五七）から二年間、東北大学で歴史家石井孝教授に幕末維新史を学んだ。大著『明治維新の国際的環境』（吉川弘文館）を刊行された時期である。

石井教授の考えは徹底していた。戊辰戦争を藩政改革で人材登用・殖産興業、軍制改革などによって古い藩の構造を変革しつつあった西南辺境型諸藩（薩長土肥）と、藩の体質を変えなかった東北辺境型諸藩との激突であり、列藩同盟は「なんら改革の綱領をもち得ないもの」であったとした。

会津藩に対する見方も厳しく、イギリス公使館付きの医師ウィリスの記録を多く引用し「会津兵はことのほか残虐で、政府軍のすべての捕虜を殺したばかりでなく、その手に落ちた人夫さえも殺した」とし、「政府軍は勝利者としての自信と余裕から恩意を示すことによって会津軍とは対照的に人心をつかむのに成功した」と述べた。

石井教授のこうした見方は、ある時期まで歴史学界に共通したものであり、石井教授の考えが特に異質なものではなかった。つまり日本の歴史学者の多くは、東北と越後をこのように見ていたのである。

戦前のものだが、私の手もとに一冊の教科書がある。

大正元年（一九一二）文部省発行の『高等小学日本歴史巻二』である。そこに「明治時代の内治」という章があり、次のように描かれている。

慶応三年、将軍慶喜が大政奉還をし、武家政治は終わり天皇が万機を親裁し給う王政復古となった。朝議で慶喜に辞官納地を命じると、二条城に詰めていた旧幕臣と会津、桑名の兵が憤慨することはなはだしいため、慶喜は大坂に退いた。

しかし、旧幕臣と会津、桑名の兵が王政復古は薩摩藩士の陰謀に出たものと討薩《とうさつ》の表を掲げて入京しようとして鳥羽伏見で戦争が起こり、薩長二藩の兵が天皇の命令で迎え撃ち、その軍は大いに敗れた。

翌日朝廷は仁和寺宮嘉彰《よしあき》親王を征討大将軍として、これを追討せしめた。慶喜は恐懼《きょうく》に堪えず上野の寛永寺に退いて謹慎した。朝廷はその死を許して水戸に幽閉し、江戸城および軍艦、銃砲を収めた。

しかるに徳川氏の親しい奥羽等の諸藩のなかに、なお幕府に対する旧誼《きゅうぎ》を思い、順逆を誤り、官軍に反抗する者があったが、あるいは敗れ、あるいは降伏して、明治二年五月には全国がことごとく平定された。

大体このように記述されている。

この教科書は事実と大きく異なっている。

たとえば鳥羽伏見の戦争は、朝廷のあずかり知らないところで行われたのであり、戦争を決断したのは薩摩の西郷であり、大久保である。

江戸に征討軍が向かったのも天皇の命令ではない。西郷や大久保、木戸孝允らが決めたことであり、すべての責任を朝廷に押しつける記述である。責任の所在がないのである。さらに東北に対する偏見は、ひどいというしかない。

文中で見てきたように、東北や越後の人々は徳川のために戦ったのではない。会津藩などは慶喜も勝海舟も大嫌いで、徳川のためになどという人は、皆無に近かった。朝敵といういわれなき汚名を雪《そそ》がんと、遺書を懐に戦った。

長岡藩の河井は、長岡も日本の政治に参加せんと戦い、南部藩の楢山は薩長の政治姿勢を糾弾せんと決起した。仙台藩の参謀たちは、錦旗のありかたに疑問を抱いた。

こうした教科書が使われたことで、会津人は日本政府によって罪人と規定され、この教科書で勉強する全国の児童生徒は、会津人を「悪い奴ら」と思い込んできた。宮崎氏が会津人の気持ちを誰に訴えたらいいのかと痛哭し、国家賠償さえ辞さない気持ちだといったのも、分かる気がする。また下北半島の会津人が、会津であることをひたすら隠して生きてきたというのも、これでうなずける。

学説批判戊辰戦争論

何事も先駆者には悲劇的なものがつきまとう。

こうした薩長中心の日本近代史に、最初に疑問を唱えたのは二十代の研究者であった。その人は東北大学大学院特別研究生の遠藤進之助氏で、昭和三十年（一九五五）に『戊辰東北戦争の分析―維新東北政治史への一断章として』（『東北史の新研究』文理図書出版所収）という論文を発表し、従来の戊辰戦争論を批判した。

明治新政府は東北の農村から官有地という形で、膨大な山林を取りあげて、農民を疲弊させ、その上「後進地東北」のレッテルを張り、貧しい農民を兵士に吸いあげ、戦争に投入した。これは許せないと遠藤氏はいった。

その八年後の昭和三十八年（一九六三）に、日本近代史を専攻する原口清氏が『戊辰戦争』（塙書房）を発刊し、戊辰戦争について総括的な見方を発表した。そのなかで原口氏は、次のように述べた。

「戊辰戦争の解明を独自の課題とした書物は、明治以来、決して少ないわけではない。だが、そのほとんどすべてが、皇国史観に禍《わざわ》され、せまい視野と天皇制支配の賛美に好都合な史料の一方的な採用によって、または軍事技術史の観点から、戦争の技術的考察を行うにとどまり、この戦争の真実の解明に効果ある貢献をなしえないで終わった。一方、戦前に発足し、戦後の維新史研究の主流的地位を占めたマルクス主義的維新史把握も、相当の成果をおさめながらも、いまだに戊辰戦争の全構造的な分析を独自の課題とした研究成果を公表するまでにはいたっていない」

原口氏は階級闘争の面からこの本を書いたと執筆のスタンスを示し、戊辰戦争の意義をこう総括した。

「本土における内乱は九月末の東北諸藩の降伏、十二月にいっせいに行われた大量の処分発表で完全に終わった。北海道の榎本武揚らの反封建的共和国も明治二年五月に完全に降伏した。一年有余に当たる内乱は、幕藩封建体制に決定的な打撃を与えた。戊辰戦争の意義を総括すれば、日本人民の広汎な反封建的民主主義の闘争と自由への要素であった」

そして東北・越後が封建的で、薩長に味方した諸藩は開明的という分析をした。

原口氏がいう反封建的民主主義の闘争とは一体なにか。

秋田の領内で戦った秋田藩と南部藩の兵士たちのどちらに、反封建的民主主義の闘争があったのか、これは相当に考え込まないと理解は困難であり、いくら考えても理解できないことにもなりかねないのだが、遠藤氏の問題提起は論及の対象にもならなかった。

昭和三十年代の戊辰戦争論はこのようなものであった。

昭和四十三年（一九六八）、石井孝氏は『維新の内乱』（至誠堂）を発刊した。

石井教授の戊辰戦争論には相変わらず東北には冷たいものだった。石井教授は「東北の戦争」という一章で、会津藩を代表する人物として公用方の重臣手代木直右衛門をあげた。手代木は京都に在住しており、大政奉還についてこう述べていた。

「政権を天皇に帰すのはもっとも至極だが、幕府まで捨ててはおさまりがつくまい。人材の挙用といっても事務の処理になれていなくては、急場の用には立たない。朝廷といっても人材はなく、なかなか王政復古など思いもよらないことだ。あれこれ考えると、幕府の制度に頼るほかはない」

石井教授はこの手代木の意見を冒頭に紹介し、

「手代木によって代表される会津藩の意見は、いっさいの改革を否認した徹底的な保守主義であった。維新の内乱の第二段階はこのような会津藩を中心として展開される」

として戊辰戦争論を繰り広げた。

私が見るところ、手代木の意見は至極穏当なものであり、会津藩士の立場としては、模範答弁であった。なぜかというと、会津藩は幕府の名代として京都に赴任しており、幕府をいかに盛り立てるかが使命の一つであった。

幕府はこの時期、勘定奉行小栗上野介を中心に幕政改革を進めており、幕藩体制の改変もそこに含まれていた。今後、世界のなかで日本が生きてゆくには、幕藩体制は限界にきており、中央集権国家への大転換が迫られるとして、それを具体的に思考していた。

薩長のリーダーたちが目指したものと同じであり、むしろ平和的に改革を進めるという意味で、幕府の構想のほうがより平和的あり、戊辰戦争など起こる余地はなかった。

だた異なる点は誰が新しい日本のリーダーになるかであった。

薩長は天皇であり、幕府はとりあえず慶喜であった。

この差をどう見るかである。天皇というのは実際は名義であり、実務は薩長の志士たちになるわけだが、彼らにできて幕臣や会津藩士にはできない、という決定的な理由はなかった。

明治政府のなかで、いかに多くの幕臣が外務官僚などで活躍したかを見れば、一目瞭然であった。

手代木を完全否定した石井教授は、東北・越後を厳しく批判した。

「奥羽越列藩同盟は保守的な領主の同盟であり、仙台藩の狙いは奥羽全体への勢力の拡大であり、米沢藩の狙いは越後への領土の拡大にあった。このような列藩同盟には、なんら変革の綱領を持ちえない」

「列藩同盟の軍事顧問スネルは山師的人物であった。スネルは新潟で列藩同盟の諸藩に武器を販売するだけでなく、諸藩士と接触し、政治上の助言を与えた。列藩同盟は世界の情勢にうとかったため、スネルをつけ入らせ、サイゴンに外人部隊がいて、日本の戦争に参加しようとしているなどと怪しい話をした」

「同盟軍は民衆の支持を失っていた。戦地でやった残虐行為が完全に民心を離反させたのである。人民を人夫に徴発しただけでなく、人夫に畳を背おわせて先に進ませ、その後ろで鉄砲を撃った」

「会津藩は因循姑息《いんじゅんこそく》で改革を嫌い、軍制改革が遅れていた。会津藩が所有する小銃四千挺の半分は和銃であり、大砲についても大半が四斤砲であった」

「若松落城の半月後に、この地をおとずれた薩摩の軍医ウィリスは、戦争の悲惨な状態をまざまざと見せつけられた。もっとも印象的だったのは、会津藩主父子が東京に護送されるとき、あらゆる面で冷たい無関心が示された。野良で働く農夫さえ、名声の高かった会津公の出発に背を向けた」

「それから村々に革命一揆が起こり、農民は村役人の家に放火し、物品を略奪した」

会津藩は徹底的に批判された。

保守の権化であり、悪政の見本であり、こうした会津を中核とした列藩同盟は敗れて当然ということだった。この理論は結局のところ明治政府を美化するものであり、東北に対する偏見を大いに助長させた。

石井教授の見方は半分は的を射ていたが、半分は決めつけの観が深かった。たとえば、列藩同盟には同盟の綱領があった。それは共和政治を目指したもので、天皇は象徴という位置づけにあった。会津藩の軍制の立ち遅れは指摘の通りであった。理由は保守頑迷という部分もあったが、京都の守護で費用がかさみ、ひどい財政難に陥り新式銃を買えなかった。また幕府を頼り過ぎたこともあった。

私は新聞記者として会津若松に赴任し、『会津若松史』の編纂事業に加わり、会津藩の数々の悲話に接し、青森県下北半島への流罪などを知るにつけ、既成の戊辰戦争論に、強く違和感を覚えるようになった。そして最終的には、石井教授とは異なる戊辰戦争論を持つようになった。

第四章

東西融和への道

▶萩市で開かれた「萩と会津を語る会」

なぜいま戊辰戦争か

「戊辰戦争130年 in 角館」に戻ろう。

ここで「なぜいま戊辰戦争か」が徹底的に討論された。

シンポジウムの出席者は東北大学名誉教授の渡辺信夫氏（故人）、京都大学教授（当時）の佐々木克氏、九州大学名誉教授の丸山雍成《やすなり》氏、鹿児島大学教授の原口泉氏、そして広告批評の編集長島森路子《みちこ》さんの五人で、私が司会を務めた。

横手市出身の島森さんが、問題提起をした。

「私の日常生活と戊辰戦争は、ほとんど接点がないのです。素人の立場から勝手なことをいえというので、まったく白紙で出てきました。私は若い人たちと仕事をしているものですから、戊辰戦争で出かけて来るといったら、『なんですか、それ』という反応でした。しかし皆さんのお話を聞いて、もしかして、これは凄く意義のあることではないかと考えてきた。

一つは、この戊辰戦争から、なにか学べるものがないだろうか、そこから参考になるものが、拾えないだろうか、という形でこれを捉え直せば、逆にこれは大変、現代的テーマかもしれない、そういう角度からこの問題を考えると、これは『いまごろ』のテーマではなく、『いまだから』のテーマに成り得ると考えたわけです。

もう一つは中央と地方といういい方、好きではないのですが、あえて申しあげれば、中央から北はコンプレックスを強く持った土地柄だと思われていますが、東北自体がそれ以前に、そういうものを持たされて来ている気がするのです。それは地理的な問題、あるいは言葉の問題、いろいろあるかもしれません。

でも、もしかするとコンプレックスとか遅れの問題自体が、戊辰戦争以降につくられたもので、この戊辰戦争が東北の精神風土をつくる上で、もしかしたら、とても大きな影響があったのではないか、私も東北人ですが、東北がどうクリアしていくか、これは勝った、負けたとか、どっちが正しかったとか、間違っていたとかのレベルではなく、どう克服していくかということであり、もしかして東北をもう一回違う形から見直す契機にもなるのではないかということも感じた次第です」

島森さんの発言は、まことにタイムリーなものだった。

この種の討論会は従来、研究者による研究者のためのものが多く、一般の庶民には難しくて、よく分からないことが多かった。

今回、島森さんが加わったことで、その障壁がはずれ、会場の人々と演壇が非常に近いものになった。これはできるだけ分かりやすく、しかもレベルの高い討論会にしたいという角館町長の願いが込められていた。企画をした町長の高橋氏も東北大学で国史を学んだ人であり、このイベントに歴史的な意味を込めていた。

渡辺氏は、東北人の意識を変えるべきだと語った。

「戊辰戦争の史観、考え方は多分に明治以降つくられたものであろうと思う。白河以北一山百文という考え方も東北人が考え出し、いまもって使っています。こういう自虐的史観に立つ限り、戊辰戦争を克服することはできない。東北の歴史全般の見直しから始める必要があるのです」

東北人のコンプレックスは明治以降に生まれたという事実は、聞く人にとって耳新しいものだった。東北は明治政府によって遅れてきた地域というレッテルを張られた。つくられた東北後進論である。これは大きな問題であった。

佐々木氏の発言は次のようなものだった。

「当時の人々は、勤王とか佐幕といっておりましたが、勤王といっても天皇のためにとか、朝廷のためとか、そういう意味ではないのです。佐幕といっても、幕府のために戦うというのではないのです。この点を皆さんにご承知おき頂きたい。これは大事な点です。

当時の日本は幕府の専制とか古代の天皇独裁というようなものを目指したのではなく、合議制でいかなくてはならないという共通認識がありました。その合議制をどのようにするかが問題でした。

幕府中心の合議制、大名、藩士、一般の民衆まで入れた合議制、列藩同盟のように大名連合が政府・国家を組織していくような構想の違いがあったわけです。

列藩同盟についていえばその主張は、いま内乱をやっている場合ではないんだ、会津藩が謝れば、内乱は避けられる、そういう声を奥羽越諸藩の世論として訴える、そして薩長討幕派中心の政府は専制的だと批判して、自分たちの理想とする合議制を基本とした政府・国家をつくろう、ということだったのです」

佐々木氏は、このあと奥羽越列藩同盟を分かりやすく説明し、同盟軍が朝敵というのは誤りであると明快に述べた。会場を埋めた人々は、一様に安堵の表情を浮かべた。

丸山氏は関ヶ原の戦いで薩摩の島津、長州の毛利が敗れ、それをはね返した「敗者復活のエネルギー」が明治維新だったと述べた。そして薩長が列藩同盟との和平妥協を排除したあの非情な政治・軍事措置が、その後の近代化への諸政策につながっていったと、薩長に理解を示した。

鹿児島大学の原口氏の報告は、聴衆の注目を集めた。

「花は白河、難儀は越後といいまして、五月から七月までは死にもの狂いの泥沼の戦争でした。西郷隆盛の弟も現地で亡くなっています。双方でものすごい人が死にました。

何故、戊辰戦争かということについては、百三十年たったいま、日本の近代において、日本のみちのくと大隅の辺境がどのように変わって、なにを、どの文化を失い、どういう対応性を失ってきたかを一つ、一つ、検証する必要があります。会津についていえば、会津は犠牲になったと思います」

原口氏は大変、重い言葉を述べた。

会津攻撃に加わった薩摩藩番兵一番小隊長伊藤佑徳は会津藩に憐憫の情を感じたが、原口氏も会津藩に理解を示され、会場から拍手がわいた。原口氏はその一年後、会津若松でもっと突っ込んだ話をしている。

最後に島森さんがしめくくった。

「たくさんいろんなことを感じさせられました。人間がしいたげられ続けたり、報われない時間が長ければ、絶対きついわけです。そういう意味では、会津をはじめとして、想像するに余りあるものを持ち続けてきたと思います。

それじゃ、どうするかという問題があるわけです。勝ち負けの問題ではありません。目盛りが片方に片寄り続けてきたわけです。この目盛りを戻さないことには、いくら理屈で、言葉で、仲良くしましょうといっても、きっとそうはならないと思います。

私は東映の時代劇を小さいときに見ていたんですけれども、映画でもテレビでもヒーローはいつも当時の官軍です。勝てば官軍の官軍です。竜馬はかっこがいいし、薩摩の西郷さんは人物だし、月形半平太なんかもなんだか色っぽくて、小さいときに憧れました。

メディアに出る量も圧倒的に官軍方ですね。こっち側の佐幕派のヒーローをどれだけつくれるか、一つの勝負になると思うんです」

この提案は会場に非常に受けた。

島森さんは、さらに戊辰戦争を考える現代的意味についても触れた。

「明治維新から百三十年経ったいま、近代日本は大変な、ほころびを見せているわけです。中央集権であり、戦前の富国強兵は戦後、経済大国に形を変えたわけですが、環境ホルモンの問題なども出てきています。そうした問題をどうするか。その答えのヒントはもう一回、歴史に立ち戻るところから考えていくことが、必要じゃないかしら、そういう問題提起も今度の戊辰戦争のシンポジウムに含まれるのではないか、と感じます。それから東北は負けたことの想像力を、一番の力とすべきだと思います」

これも示唆に富んだ意見だった。

角館から火の手があがった戊辰戦争の実態の解明は、その結果できあがった明治国家の再検討にまで及び、日本の近代国家のスタートは、おぞましいものであり、恥ずべき部分は多くあることが、白日のもとにさらされた。

秋田県の角館という人口二万の町が企画した、地味で小さなイベントが、日本の歴史の書き直しを迫る問題提起をしたのである。

それでは薩長軍対同盟軍、もっと端的にいえば会津と薩長のぎくしゃくした関係がいつ解消するのか、特に会津と長州の間に和解の展望はあるのか、という問題に移ることにしたい。

会津歴史フォーラム

この問題、会津若松で行われた「会津歴史フォーラム」でも取りあげられた。このときも私が司会を担当した。

鹿児島大学の原口氏がまた足を運んでくれ、長州藩の奇兵隊の研究者として注目を集めている下関市の研究者一坂太郎氏も顔を見せた。

さらに東北史に関して数々の著作がある東北大学名誉教授高橋富雄氏、北越戊辰戦争研究の第一人者稲川明雄氏、新選組に詳しい作家の北原亞以子《あいこ》さん、地元代表の畑敬之助氏が壇上に並び、ベストメンバーで会津対薩長の討論に入った。

畑敬之助氏が「薩長への怨念」について語り、高橋氏は「薩長は明らかに誤りを起こした。王政復古の大号令で、広く会議をおこし、万機公論に決するとしたが、会津、庄内をしゃにむに不倶戴天の敵だと戦争に持ち込んだ」と批判した。

稲川氏は「薩長の人々は時代錯誤的な考えをしていた。大和民族が異民族をやっつけるというような感覚で、ものの見方をしていたのではないか。それが戊辰戦争の本質だ」と鋭い指摘をした。長岡藩家老河井継之助が戦いに踏み切ったのは、それが発端だったと稲川氏がいった。

北原さんは戊辰戦争の背後に、徳川慶喜、勝海舟の影を指摘した。

会津人は幕府のために全力を尽くしたが、二人が冷たく見放したことに怨念を抱いていた。同盟軍が切望した榎本艦隊の新潟回航も難色を示し、榎本を引き止めたのは勝海舟だった。勝は「奥羽に人はいない」と突き放し、自分の保身に徹した。また榎本も優柔不断だった。

これに対して、鹿児島の原口氏は、こう述べた。

「東北戦争、なかんずく会津戦争が悲惨だったことは厳然たる事実です。後にしこりを残すことになったのも事実です。これは薩摩が謝ればいいのかというと、謝る主体がもうないわけで、私ども子孫が謝ればいいという問題ではなく、まず会津若松とはどんなところで、ここにはどんな履歴書があるのだろう、ということを直接、知ることがまず大事だと考えます。昨年、会津青年会議所の方々とお会いする機会があり、そのなかで印象的な言葉を耳にしました。

『これからどんどん、お互い仲良くしましょう』

『でも簡単には仲直りはしないよ』

という言葉でした。水に流すことじゃなくて、あったことは、あったこととして、ともに会津と鹿児島の後に続く者がきちんと、おさえることが大事だと思いました」

原口氏は、鹿児島の人間としてのスタンスを率直に述べ、情緒的に握手しても真の相互理解にはならないことを語った。

次に奥羽越列藩同盟について触れ、同盟は一体となって薩長と戦う、さまざまな連携ができていて、薩長にとっては、非常な脅威であったという認識を示した。そして薩長の維新政権といっても、ほんのこの間まで、お互いが犬猿の仲であり、常に瓦解の危険があったこと、それだけに一層、同盟を脅威に感じたに違いないと語った。

そして「奥羽越列藩同盟の中心に会津があり、会津士族が強いことは西郷もよく知っていました。しかも会津藩主松平容保公には求心力があり、列藩同盟に国家の芽も出てきたことになると、西郷らは強引に会津の武装解除を望んだのではないか。革命家である西郷や大久保、岩倉、木戸らは、彼らの革命政権の完成のために、なにがなんでも会津を叩かねばならなかった、ということではないでしょうか」と薩長の苛烈な会津攻撃の背景を述べた。

原口氏の意見は列藩同盟を十分に評価するものだった。奥羽越列藩同盟の参謀たちが目指したものは、東北独立政権の樹立であり、海軍力がともなえば、むざむざ敗退することはなかった。会津の梶原平馬、長岡の河井継之助、仙台の玉虫左太夫、盛岡の楢山佐渡をはじめ、同盟軍の何万という兵士たちは、間違いなく西郷や大久保を、ぎりぎりのところに追い詰めたのである。

下関の一坂氏にも注目が集まった。一坂氏は長州藩の意外史を語った。

「長州藩は明治維新から三十年ほど前に、天保の大一揆というのがありました。十数万人の農民が立ちあがって藩の方に刃を突き付け、年貢を減らせ、役人を更迭せよと、武力で迫ったのです。藩は農民の武力に屈しました。ですから高杉晋作は、侍ばかりで戦っても勝てないと、奇兵隊をはじめ百六十ほどの軍隊に庶民を総動員し、戊辰戦争に勝利したわけです。しかし犠牲も多く、五百人以上が戦死しました」

一坂氏は、農民が時代の前面に躍り出た背景を語り、それから長州藩の意外な歴史について論及した。

戊辰戦争が終わると、長州藩が五千数百人の兵士のリストラを断行した。二千五百人を常備軍として残し、三千人を解雇した。解雇されたのは農家の二、三男だった。彼らはこれを不服として反乱を起こした。中央政府の参議になっていた木戸孝允が帰郷し、徹底的な弾圧を行った。一坂氏は、そのことを語った。

「木戸は、農民は東北にも北海道にもいる。そういった農民に飛び火をすると全国的な反乱になる。だからみせしめに近い形で処刑をしました。片っ端から捕まえて首を切った。その数百三十三人もいました。奇兵隊士として、あれほど戦ってきたのに、なぜ処刑されるんだ。彼らは刑場で暴れて抵抗しました」

一坂氏は犠牲者の家を一軒一軒、尋ね歩き、末裔から聞き出したという。それだけに迫力が違っていた。

勝てば官軍である。長州の人々は、さぞや栄達の人生をたどったと思いきや、使い捨てに遭った底辺の農民がいたのである。会津若松の聴衆は、そんなことがあったのかと驚いた。明治維新の本質が、ここにも見えるという印象だった。

つまり明治維新は決して底辺の庶民のものではなく、徳川に替わる権力闘争であった。また長州のヒーロー、高杉晋作も決して英雄ではないと一坂氏はいった。

聴衆からエッという声がもれた。萩の庶民のなかに、高杉批判があるというのだった。

「山口県はたしかに伊藤博文、山県有朋ら明治の偉人、元勲を数多く出しました。ところが山口県内をこの十年歩いてみて、わが家は維新でいい目にあいましたという家は、一軒もないのです。息子が処刑された、娘は嫁に行けなかった、庄屋だったが没落した、皆維新の栄光の犠牲者なんです。高杉晋作が余計なことをしてくれて、こうなったんだというわけで、高杉の人気はないのです」

豊富な取材でつかんだ秘話であった。

「歴史というのは暗くて陰惨で、悲しくて、犠牲が生じる、そういうものだと思います」

一坂氏は、そういって話を終えた。長州と会津が本音でぶつかれば、共通の話題もあるのではないか。一坂氏の願いが、この意外史に込められていた。

未来への展望

会津若松の討論で結論は、どうなったか。

これはやはり、難しいものだった。お互いの理解は深まったが、さあ握手ということには、まだまだ時間がかかるというのが結論だった。

会津若松の人々の意向は、「仲直りはできないが、仲良くはする」というものであり、原口氏も「簡単に仲直りしないというのは当然でしょうし、今後も大いに論戦を重ねることが大事です。会津の人は素晴らしいと思います」と会津のかたくなさに理解を示した。角館の討論会で、批評家の島森さんは独特の勘で、「目盛りが片方に片寄りすぎてきたわけだから、性急な和解は困難でしょう」とずばり予測をしたが、たしかにその通りになった。

だがここでも収穫は、いくつもあった。

お互いの立場、いい分、問題点を開陳しただけでも、大成功であり、双方の距離は一歩も二歩も近づいた。

私はこの日の討論会を次のようにしめくくった。

「会津対薩長のこの怨念の関係修復を図るべく、一層の努力をするという抽象的な言葉になるかもしれませんが、そういうことが平成十一年十月三日のフォーラムで語り合えたことを記録に残すことで、『検証いま戊辰戦争の本質を探る』を終了したい」

会場からは拍手がわいた。

私たちは、明治維新を輝ける近代日本の出発点に置いて、日本近代史を理解してきた。しかし個別的に、地域的に探っていくと、異なる実相が明らかになった。

『二つの明治維新』が存在する理由がここにある。

歴史はまだまだ未知なるものを含み、真実は深く深く、闇に沈んでいる。それゆえにこそ、私たちは今後も一層の関心を明治維新に寄せ、隠された真実に迫る努力を重ねなければならない。

最後に私の会津対薩長の東西融和論を申し上げておかねばなるまい。

「アメリカの南部に行ってくださいよ。いまだにドコソコの戦闘で南部軍が勝ったと戦勝記念のお祭りをしている人々がいます。和解に反対する者は保守的だ、老人だと非難するのは当たらないのです。南部には南部の誇りがあり、会津には会津のアイデンティティーがあるのです。和解しないことが会津の主張なのです。なんでも賛成、なんでも仲良しというわけには、いかないものもあるのです」

という若手にも出会った。

だが、それでいいわけはない。

長期的にみれば、和解であろう。私はその後、何人かで萩に行き、「萩と会津を語る会」に出席、その思いを深くした。憎しみ合いからはなにも生まれはしないからである。

▼おもな参考文献
『復古記』『会津戊辰戦史』『仙台戊辰史』『薩藩出軍戦状』（東京大学出版会）
『定本奇兵隊日記』（マツノ書店）『土佐藩戊辰戦争資料集成』（高知市民図書館）
『戊辰戦役関係史料』（米沢市史編纂委員会）
『長岡藩戊辰戦争関係史料集』（長岡市）
『会津歴史フォーラム報告書』（会津若松市市制百周年記念事業実行委員会）
『戊辰戦争１３０年 in 角館「いま戊辰戦争を問い直す」報告書』（角館町）
『戊辰戦争１３０年記念誌』（秋田市・戊辰戦争一三〇周年を考える会）
『民衆のための戊辰戦争一三〇周年記念資料集』（北方風土社）
文中に紹介したものは省略。

あとがき

今回、三修社の企画によって『戊辰の内乱』を刊行することができた。第一部は会津藩士荒川類右衛門の『明治日誌』を母体にしたもので、会津戦争の実相と斗南での暮らしを描いたすぐれた記録である。特に斗南での悲惨な暮らしは涙なくしては読めない。第二部は秋田県角館町（当時）で開かれた「戊辰戦争１３０年 in 角館」をベースに東北・越後にとって戊辰戦争とはなんであったかを問い直した。

官軍、賊軍の歴史観は表面的には消えているようにみえるが、東北・越後の幕末維新史をみると薩長に対する怨念が根強く残っている。私は東西融和への道を模索し、会津若松の有志と個人レベルの形で「萩と会津を語る会」にも出席し友好を深めた。

世界の歴史をみても憎み合いの過去は多い。しかし、人間の英知によって、それを乗り越えなければならないと考えている。私がもっとも尊敬する人物、白虎隊士から東京大学総長になった山川健次郎は戊辰戦争後、長州藩士奥平謙輔の書生になって勉強し、薩摩藩士黒田清隆の好意によってアメリカのエール大学に留学し、物理学を学んだ。日本は一つ、というのが健次郎の考えだった。

幕末の日本は薩摩・長州・会津の三藩が覇を競い合った。勝敗は時の運である。会津藩は全力を尽くして戦い、後世に名を残した。決して恥じることのない戦いぶりだった。

いつの日か双方が対等な立場で手を握り、盛岡が生んだ日本最初の平民宰相原敬がいみじくも語った「官軍、賊軍などこの世に存在しない。あるのは政見が異なっていただけである」の意味をかみしめ、日本近代史の書きかえを求めるものである。

なお、文中にも記したが第一部は『敗者の維新史』（中公新書）、第二部は『よみなおし戊辰戦争』（ちくま新書）を再編収録したものである。中公新書、ちくま新書の編集部の方々にもお礼申し上げる。

平成十八年六月

星 亮一

出典作品――
『敗者の維新史』（中公新書）一九九〇年四月二十五日初版
『よみなおし戊辰戦争』（ちくま新書）二〇〇一年六月二十日初刷
ともに絶版。

著者略歴

星　亮一（ほし　りょういち）

1935 年、仙台市生まれ。
東北大学文学部国史学科卒。日本大学大学院総合社会情報研究科修了。職歴・福島民報記者、福島中央テレビ報道制作局長。
主な著書
『会津藩　斗南へ』『仙台戊辰戦史』『幕末史　―激闘！　薩摩・長州・会津』（三修社）
『会津戦争全史』（講談社選書メチエ）
『ラストサムライの群像』（光人社）
『奥羽越列藩同盟』『幕末の会津藩』『会津落城』（中公新書）
『山川健次郎伝』『後藤新平伝』（平凡社）
『会津藩 VS 長州藩』『松江豊寿と会津武士道』（ベスト新書）
『白虎隊と会津武士道』（平凡社新書）他多数。
これまでに福島民報出版文化賞、NHK 東北ふるさと賞を受賞。
http://www.mh-c.co.jp

戊辰《ぼしん》の内乱《ないらん》　――再考・幕末維新史

2006 年 7 月 15 日　第 1 刷発行

著　者　　星　亮一
発行者　　前田俊秀
発行所　　株式会社三修社
〒110-0004 東京都台東区下谷1-5-34
Tel.03-3842-1711
Fax.03-3845-3965
振替　00190-9-72758
http://www.sanshusha.co.jp/
編集担当　北村英治
印　刷　　萩原印刷株式会社
製　本　　牧製本印刷株式会社

ISBN4-384-03839-9 C0021